海上絲綢之路基本文獻叢書

絲絹全書（上）

〔明〕程任卿 輯

文物出版社

圖書在版編目（CIP）數據

絲綢全書．上 /（明）程任卿輯．-- 北京 ：文物出版社，2022.7
（海上絲綢之路基本文獻叢書）
ISBN 978-7-5010-7577-5

Ⅰ．①絲… Ⅱ．①程… Ⅲ．①司法制度－中國－明代 ②賦稅制度－中國－明代 Ⅳ．① D929.48 ② F812.948

中國版本圖書館 CIP 數據核字（2022）第 097020 號

海上絲綢之路基本文獻叢書

絲綢全書（上）

輯　　者：〔明〕程任卿
策　　劃：盛世博閱（北京）文化有限責任公司

封面設計：鞏榮彪
責任編輯：劉永海
責任印製：張　麗

出版發行：文物出版社
社　　址：北京市東城區東直門内北小街 2 號樓
郵　　編：100007
網　　址：http://www.wenwu.com
經　　銷：新華書店
印　　刷：北京旺都印務有限公司
開　　本：787mm×1092mm　1/16
印　　張：13.25
版　　次：2022 年 7 月第 1 版
印　　次：2022 年 7 月第 1 次印刷
書　　號：ISBN 978-7-5010-7577-5
定　　價：96.00 圓

總緒

海上絲綢之路，一般意義上是指從秦漢至鴉片戰争前中國與世界進行政治、經濟、文化交流的海上通道，主要分爲經由黄海、東海的海路最終抵達日本列島及朝鮮半島的東海航綫和以徐聞、合浦、廣州、泉州爲起點通往東南亞及印度洋地區的南海航綫。

在中國古代文獻中，最早、最詳細記載『海上絲綢之路』航綫的是東漢班固的《漢書・地理志》，詳細記載了西漢黄門譯長率領應募者入海『齎黄金雜繒而往』之事，書中所出現的地理記載與東南亞地區相關，并與實際的地理狀况基本相符。

東漢後，中國進入魏晉南北朝長達三百多年的分裂割據時期，絲路上的交往也走向低谷。這一時期的絲路交往，以法顯的西行最爲著名。法顯作爲從陸路西行到印度，再由海路回國的第一人，根據親身經歷所寫的《佛國記》（又稱《法顯傳》）一書，詳細介紹了古代中亞和印度、巴基斯坦、斯里蘭卡等地的歷史及風土人情，是瞭解和研究海陸絲綢之路的珍貴歷史資料。

隨着隋唐的統一，中國經濟重心的南移，中國與西方交通以海路爲主，海上絲綢之路進入大發展時期。廣州成爲唐朝最大的海外貿易中心，朝廷設立市舶司，專門管理海外貿易。唐代著名的地理學家賈耽（七三〇～八〇五年）的《皇華四達記》記載了從廣州通往阿拉伯地區的海上交通『廣州通夷道』，詳述了從廣州港出發，經越南、馬來半島、蘇門答臘半島至印度、錫蘭，直至波斯灣沿岸各國的航綫及沿途地區的方位、名稱、島礁、山川、民俗等。譯經大師義净西行求法，將沿途見聞寫成著作《大唐西域求法高僧傳》，詳細記載了海上絲綢之路的發展變化，是我們瞭解絲綢之路不可多得的第一手資料。

宋代的造船技術和航海技術顯著提高，指南針廣泛應用於航海，中國商船的遠航能力大大提升。北宋徐兢的《宣和奉使高麗圖經》詳細記述了船舶製造、海洋地理和往來航綫，是研究宋代海外交通史、中朝友好關係史、中朝經濟文化交流史的重要文獻。南宋趙汝適《諸蕃志》記載，南海有五十三個國家和地區與南宋通商貿易，形成了通往日本、高麗、東南亞、印度、波斯、阿拉伯等地的『海上絲綢之路』。宋代爲了加强商貿往來，於北宋神宗元豐三年（一〇八〇年）頒佈了中國歷史上第一部海洋貿易管理條例《廣州市舶條法》，并稱爲宋代貿易管理的制度範本。

元朝在經濟上採用重商主義政策，鼓勵海外貿易，中國與歐洲的聯繫與交往非常頻繁，其中馬可·波羅、伊本·白圖泰等歐洲旅行家來到中國，留下了大量的旅行記，記録元代海上絲綢之路的盛况。元代的汪大淵兩次出海，撰寫出《島夷志略》一書，記録了二百多個國名和地名，其中不少首次見於中國著録，涉及的地理範圍東至菲律賓群島，西至非洲。這些都反映了元朝時中西經濟文化交流的豐富内容。

明、清政府先後多次實施海禁政策，海上絲綢之路的貿易逐漸衰落。但是從明永樂三年至明宣德八年的二十八年裏，鄭和率船隊七下西洋，先後到達的國家多達三十多個，在進行經貿交流的同時，也極大地促進了中外文化的交流，這些都詳見於《西洋蕃國志》《星槎勝覽》《瀛涯勝覽》等典籍中。

關於海上絲綢之路的文獻記述，除上述官員、學者、求法或傳教高僧以及旅行者的著作外，自《漢書》之後，歷代正史大都列有《地理志》《四夷傳》《西域傳》《外國傳》《蠻夷傳》《屬國傳》等篇章，加上唐宋以來衆多的典制類文獻、地方史志文獻，集中反映了歷代王朝對於周邊部族、政權以及西方世界的認識，都是關於海上絲綢之路的原始史料性文獻。

海上絲綢之路概念的形成，經歷了一個演變的過程。十九世紀七十年代德國地理學家費迪南·馮·李希霍芬（Ferdinad Von Richthofen，一八三三～一九〇五），在其《中國：親身旅行和研究成果》第三卷中首次把輸出中國絲綢的東西陸路稱爲『絲綢之路』。有『歐洲漢學泰斗』之稱的法國漢學家沙畹（Édouard Chavannes，一八六五～一九一八），在其一九〇三年著作的《西突厥史料》中提出『絲路有海陸兩道』，蘊涵了海上絲綢之路最初提法。迄今發現最早正式提出『海上絲綢之路』一詞的是日本考古學家三杉隆敏，他在一九六七年出版《中國瓷器之旅：探索海上的絲綢之路》中首次使用『海上絲綢之路』一詞；一九七九年三杉隆敏又出版了《海上絲綢之路》一書，其立意和出發點局限在東西方之間的陶瓷貿易與交流史。

二十世紀八十年代以來，在海外交通史研究中，『海上絲綢之路』一詞逐漸成爲中外學術界廣泛接受的概念。根據姚楠等人研究，饒宗頤先生是華人中最早提出『海上絲綢之路』的人，他的《海道之絲路與昆侖舶》正式提出『海上絲路』的稱謂。選堂先生評價海上絲綢之路是外交、貿易和文化交流作用的通道。此後，大陸學者馮蔚然在一九七八年編寫的《航運史話》中，使用『海上絲綢之路』一詞，這是迄今學界查到的中國大陸最早使用『海上絲綢之路』的人，更多地限於航海活動領域的考察。一九八〇年北京大學陳炎教授提出『海上絲綢之路』研究，并於一九八一年發表《略論海上絲綢之路》一文。他對海上絲綢之路的理解超越以往，且帶有濃厚的愛國主義思想。陳炎教授之後，從事研究海上絲綢之路的學者越來越多，尤其沿海港口城市向聯合國申請海上絲綢之路非物質文化遺産活動，將海上絲綢之路研究推向新高潮。另外，國家把建設『絲綢之路經濟帶』和『二十一世紀海上絲綢之路』作爲對外發展方針，將這一學術課題提升爲國家願景的高度，使海上絲綢之路形成超越學術進入政經層面的熱潮。

與海上絲綢之路學的萬千氣象相對應，海上絲綢之路文獻的整理工作仍顯滯後，遠遠跟不上突飛猛進的研究進展。二〇一八年厦門大學、中山大學等單位聯合發起『海上絲綢之路文獻集成』專案，尚在醞釀當中。我們不揣淺陋，深入調查，廣泛搜集，將有關海上絲綢之路的原始史料文獻和研究文獻，分爲風俗物産、雜史筆記、海防海事、典章檔案等六個類别，彙編成《海上絲綢之路歷史文化叢書》，於二〇二〇年影印出版。此輯面市以來，深受各大圖書館及相關研究者好評。爲讓更多的讀者親近古籍文獻，我們遴選出前編中的菁華，彙編成《海上絲綢之路基本文獻叢書》，以單行本影印出版，以饗讀者，以期爲讀者展現出一幅幅中外經濟文化交流的精美畫卷，爲海上絲綢之路的研究提供歷史借鑒，爲『二十一世紀海上絲綢之路』倡議構想的實踐做好歷史的詮釋和注脚，從而達到『以史爲鑒』『古爲今用』的目的。

凡例

一、本編注重史料的珍稀性，從《海上絲綢之路歷史文化叢書》中遴選出菁華，擬出版百册單行本。

二、本編所選之文獻，其編纂的年代下限至一九四九年。

三、本編排序無嚴格定式，所選之文獻篇幅以二百餘頁爲宜，以便讀者閱讀使用。

四、本編所選文獻，每種前皆注明版本、著者。

五、本編文獻皆爲影印，原始文本掃描之後經過修復處理，仍存原式，少數文獻由於原始底本欠佳，略有模糊之處，不影響閱讀使用。

六、本編原始底本非一時一地之出版物，原書裝幀、開本多有不同，本書彙編之後，統一爲十六開右翻本。

目録

丝绢全书（上）

絲絹全書（上）

序—卷二

〔明〕程任卿 輯

明萬曆刻本

絲絹全集序

司馬公有言太上不辱先其次不辱身其次不辱理色其次不辱辭令其次屈體受辱其次易服受辱其次關木索被箠楚受辱其次剔毛髮嬰金鐵受辱其次毁肌膚斷肢體受辱最下大辟其辱極焉昔

嘗誦是書而每嘆其心之悲傷故其言之剴切若此也詎意余遭不幸旻天降割而悉萃諸辱於一身如子長之所可傷也哉噫茲亦慘矣雖孝子慈孫百世不能改矣寧賫志以殁耶什之者曰西伯伯也囚羑里李斯相也具五刑淮陰王

也械於陳魏其大將也衣赭關三
木王侯將相尚弗能免辱子安在
其弗堪而不勝其哀號悽愴也且
子之事五邑之公事子之禍五邑
之其禍特子罹之獨劇耳今幸
天皇達照
祖制不改人誰不高子之義而憫子

屈以縉紳士夫則悼之以同袍多士則傷之以群黎萬姓則相與嗟嘆而仰戴之何辱之計而務致然求以雪之予應曰不然士可生可殺而不可辱古有畫地為獄議不入刻木為吏期不對者允以免辱也予當此時幽於塗炭之中身貫

三木屈同[illegible]禮臂無完膚絛荷芘
牀一見獄卒頭輒搶地傳聞呼呌
心切怛忉如是而猶曰弗辱焉特
强耳夫勇不避禍仁不撓節予何
湛溺於縲紲之中不自引決以冒
然無辜之辱也哉第以庭無蘇絲
貝錦百疋自身殘多謫事久傳訛乃

理勢所必然者今余抱不測之罪已踰三載矣家貧不能以上總交游莫救戚黨莫持圜墻覆盆莫克戴天卒有不諱是余終於不得引頸伸喙雪垢磨瘢後有慈母謬於投杼者信以余為不齒之士而貽玷斯文遺羞學校將為名教之罪

人矣如是則長逝之冤魂飲恨無窮其何以質先達面先人於泉壤哉什之者又曰隱衷不謁奸之屬也抱污不溲賤之類也子憂心事之弗白乎奚俟他求絲絹事已備載於各邑之書彰彰耳目第散逸不成帙子集之則事理俱存可以

信今可以傳後予心事白矣余曰善乃搜求各邑之書窮顛末補亡逸刪煩冗次先後彙成一集剖為八卷凡夫始之所發端終之所極致者肯綮具在庶可以指掌而見矣嗟夫五邑抱屈 奏許之詞不曰激變則曰名變不曰彌變則曰

逼變民之所愬者披攊觸邑吏數歲而愈堅其辯官之所議者咨遵成法合五縣而皆一其申然竟不能達下民之隱宣抑塞之情以致成令日之媒者亦可以按籍而知矣令乃一旦獨歸罪於余之倡首而致枉入於大辟然則前此官民

之所申所愬者豈皆漫然無稽而徒托諸空言也哉且考律例所載聚衆打奪殺人方擬重辟余自端既未打奪何項錢粮何官公差又未殺傷何氏人民歟固稽諸招情之詳節昭諸六邑之見聞質諸合郡之公論不可得而誣焉者也

今乃驀地坐茲重典情與法不相
協事與理重背馳致令陳情無路
控籲無門惡能已於鬱憤之情夫
昔墨翟拘囚修衰制屈原放逐賦
離騷子長腐戮史記百篇韓非囚
秦說難孤憤凡此皆古人所以纡
其抑宣其恨也余本棘闈落魄樗

櫟朽材萬萬不敢竊比於古人然
無因而霹靂蒙茲禍其垢辱其寬抑
實亦同之茲録是書用以傳之通
邑大都權之賢人達士他日有甘
鹿魚之腥而忌其臭者或展卷附
膺而嘆曰吠子之嬰禍無它腸也
尊

祖制也守舊章也書不云乎監於先
王成憲其永無愆今監成憲而反
然愆惡能浼彼哉誠如是則寃辱
之負於今日者雖沉淪於九地而
心跡之白於後日者當不昧於鄉
曲以是無罪而就死焉縱牛羊躑
躅於重基狐狸跳梁於玄夕皮毛

盡沒草木同塵而余之生氣猶或炳著於書青也又何悔之有哉又何怨之有哉

萬曆七年季秋望日徽婺究人

程任卿含哀書于徽州

府司獄司

絲絹全書目錄

金集卷之一

一歙縣士民　交呈本府批縣轉申　鮑院公文

一兵道奉　按院鮑爺批府查議牌面

一府行五縣查議牌面

一婺源縣查議申文

一績溪縣查議申文

一休寧縣查議申文

一祁門縣查議申文

一黟縣查議申文

一歙民陳良知等赴　兵道告詞批府行縣帖文

一婺民兵告　都院宋爺批府行縣帖文

一休邑民人告府准詞
一績溪縣鄉宦呈詞
一歙民江伯鄒等告詞
一五邑查明絲絹緣由呈詞
一歙民徐文湜等告詞
一黟縣里排告詞
一奉　都院牌拿毆辱江解元人犯

絲集卷之三

一帖歙縣查冊公文
一五邑赴　都院告准查冊詞

一帖五縣查冊公文
一兵道奉 都院委官查議牌面
一兵道拿究爲首告訴之人牌面
一五邑奏查黄冊疏文
一五邑赴告府詞
一委官查冊牌面
一接院唐爺准五邑告詞
一奉 都院准帥嘉謨告查典劄憲牌
一帥嘉謨告查典劄申部公文
一查冊官申府揭帖

一歙縣通學生員詆篋黄冊呈詞

一五邑赴　按院唐爺告詞

一歙縣鄉官詆篋黄冊呈詞

一五邑鄉宦尊　制呈詞

一奉南京　户部查冊回文并行府帖文

一户部查回後湖六縣黄冊

一帥嘉謨詆篋黄冊告詞

竹集卷之四

一户部■借户科條陳事宜議行均平疏文

一本府磬籌歲徵申文

鮑集卷之五

一績溪縣申文
一徐太爺安民告示
一本府申各　院申文
一祁門縣申文
一舒爺安民告示
一報舒臺揭帖
一舒爺署縣申文
一舒爺申　上司揭帖
一本府禁約
一兵道出巡告示二張

祁門縣通學生員呈道准詞

一婺邑民人告府准詞

一黟縣申文

一都院安民告示二張

一拿帥嘉謨牌面

一都院憲牌

一按院安民憲牌二張

一婺民訴究說帖

一徽州府申文

一五邑激赴　都院告詞

一五邑激赴　按院告詞

十集卷之六

一撫按會題　疏文

一南京礼科寺給事中彭　一本

一南京湖廣寺道御史唐　一本

一北京户科都給事石　一本

一户部尚書䟦　自陳一本

一委官會查公文

一歙民架誣倡亂告詞

一歙縣生員呈詞

一兵道牌拿爲首告訴之人
一本府申解公文
一兵道出巡告示
一查豪右牌面二張并拿生員憲牌二張
一本府原擬洪招
一按院再議均平查訪豪右
一徐太爺復請改議均平申文
一徽寧池太安等府回呈
一徐太爺改議均平申文
一都院再訪豪右憲牌

一殷戶部達 撫院書
一殷尚書達本府 徐太爺書
一鄉宦奉 兵臺書二封
一鄉宦上 徐太爺書 〇一鄉宦上 撫院胡爺書
一殷尚書自陳疏
一太平上各府訴究說帖
一本府豁免均平公文
一奉 撫院道豁免均平公文
一奉 按院豁免均平公文
一何愧吾臨絲議帖

一合邑蔡何愧晋文

絲絹全集卷之二

一　抄奉

皇上登極詔

隆慶六年六月初十日

萬歲　詔款

祖宗成法至精至備所當萬世遵守近年以來有司不考

憲度徃徃自作聰明任意更变其稱爲成法者又多遷

移出入殊非

祖宗立法之意以致事體紛紜軍民惶惑豈成治理今後

内外大小衙門各要備[illegible]

祖宗之意明考成法一體遵行違者以变亂成法論其從
[illegible]前更变者俱待聲覆婦果係時宜不得不然[illegible]
事由
奏請准允乃行

全集卷之一　　　　　寬吾程任卿校集

二節加議偏議奮呈　撫院劉爺批府會議帖文

徽州府歙縣呈遵

國典據府誌均賦救偏以甦困苦事抄蒙

撫院劉　批據歙縣呈前事詞稱庶下之遺賦乎

均平幾物有不得其平則鳴歙縣久偏重賦民困已

極躬遄

仁明矜恤備陳情款歙邑均平緣本府遞年奉

戶部勘合坐取人丁絲絹八千七百八十疋原

額六縣均輸府誌可証乞已筆改科五縣人丁絲絹

議徽偏累歙縣重科包納查照

大明會典徽州府南京承運庫人丁絲折絹八千七百七十九疋零與前派勘合事件數目相同並無歙縣二字則是六縣人丁絲折之絹昭然明白據府誌歙縣既將虛額虧欠夏麥九千七百餘石將輕租民[illegible]地除納夏稅秋粮每畝重復科絲四錢補納原虧麥數其休婺祁黟績五縣亦虧欠夏麥共一萬七百七十九石六斗未見重科何項補納即此明見偏累之獘確是　會典一書公同天下柰何府誌事載不同據歙縣虧欠前麥九千七百餘石官則每石折銀三

錢該銀不上三千兩之數當宜科麥或折銀補之豈浮以麥徵絲其折絹八千七百八十疋正合六縣人丁絲絹幷虧麥數目況絹每疋定銀七錢共銀六千一百四十六兩展轉貿緣又增一倍偏苦但歙實不產絲遞年俱往浙江出產地方轉買交納監費使用苦不可言倍及至此愈甚痛心查得承運庫遞年額收絲絹二萬一百九十餘疋浙江湖廣二省天下蠶絲出產地方止分納絹八千五百一疋應天等一十三府止分納絹二千九百五疋徽州一府民不事蠶獨分納絹八千七百八十疋較抵二省獨多舊額六

縣人丁田畝均輸事係可擬何獨偏累歙縣田地越
外重科包納情實難堪賦稅不均莫甚於此先年歙
民程鵬王相等連名具告　巡撫陳爺及
巡按宋爺俱批仰府掌印官會同佐貳官從公議處
呈奪彼因　兩院陞遷遂未申覆又告　巡撫歐陽
爺劄行改議仰府掌印正官造冊成書斟酌增損以
不失　本院致卒之意續蒙覆催本府徑所屬縣分
即將各項田地稅粮比照蘇松等府改行事例官民
各為一則毋致偏虧又告　巡按游爺處批查勘呈
奪時因本府該管吏書俱係五縣人民不待各縣議

報朦朧申塞以致積弊年深未見天日幸
爺〻代
天巡狩民間利弊洞察秋毫况此賦外之賦科外之科
尤浔睿察是以加謨草莽寒微敢以一縣偏苦民情
冐死上陳伏乞廣草木均沾之澤擴海宇同仁之心
怜憫歙民徠苦重賦乞查　會典并本府新舊二誌
磨對加謨開具原額各縣田地科則及影射欺弊情
欽懇乞　鈞裁
題請分豁或遵會典均派六縣人丁或照府誌原額均
派六縣田地麻賦稅浔平民盡浔遂子〻孫〻永沾

息澤等因蒙批仰府會議報蒙此緣所呈絲綿事干
六縣擬合通行查議為此帖仰該縣官吏即集知識
耆民及里老人等到官將帥相議呈內所言絲綿事
情是否与會典府誌相同即今應否各縣均派仍
或應否照舊作速具由申府以憑覆議轉達施行
隆慶四年二月初十日

一績溪縣查議申文

為懇恩遵

國典據府誌均賦救偏以甦困苦事奉　本府帖文抄

蒙　按院劉　批據帥加謨呈前事本縣遵依給示

曉諭續拠槩縣坊都里老耆民唐文毅吳廷瑚等連

名呈為乞究變亂

國制罔上虐下極惡事切照本府六縣田土編定秋粮

夏麥為國之需始因麥有虧盈則于賦有增減

國初行委中書省查出歙縣影射民田正耗脚夫九千

七百餘石罪及官民該縣承認南京承運庫絲絹八

千七百八十疋以補京額虧麥之数永為定規的与
婺芧五縣無干遵納一百七十餘年府誌可考嘉靖
十四年有歙刁民程鵬王相聳告　都院五縣亦具
情赴告俱蒙批府會議官民里排申詳照舊依冝卷
証續蒙　都院行委　府主太爺馮　休寧傅知縣
赴院面議查照版籍府誌實應歙縣徵觧絲絹刋碑
賦役冊籍附于本府稅粮未簡以偹查考不致泯沒
又経三十餘年無異豈令訟師帥加謨假公挾私隱
下節経府院勘明事理要浔紛更揑呈聳告
兩院蒙送本府不思前項旬

国初以来以部院會議編定額制比照田土輕重米麥
虧盈或增或減頒行天下永遠　欽遵實難更紊擬
称歙不產丝縁何称歙有桑地科則執此可知且以
地方多寡論之績溪乃歙分出末邑僅淂二十四里
土瘠民貧路衝四要冊籍丁丶着役每年丁粮不上
七百餘石每日衹應止粮二石官客络繹夫馬繁難
民不堪命歙係大縣二百二十四里丁粮六萬餘石
在外经商冊丁百無一二告引千萬餘紙每日衹應
計粮一十八石此比績十倍有餘反遭加謨欺罔上
減

祖宗之成法下变府誌之冊籍借此覔利罪不容誅今蒙
拘集里排人民赴縣審勘乞賜詳審轉達合無將歙
績二縣均里均差免致一人作乱萬姓含冤等因拠
呈到縣為照本府六縣惟績最末較之休歙太縣百
不及一績溪之民欲求别縣幇補接送之繁逃避告
擾今拠帥加謨冒呈更改丝絹均派六縣变異
国制紊乱成規於律有碍合無姑容照舊定納庶免小
民激变之憂官民両便照奉前因擬合回報為此縣
司今將查議缘由具申伏乞照驗施行
隆慶四年四月十八日署縣事教諭楊

謹按歙民程鵬等先年倡議妄將歙絲告
扳五邑代納彼五邑人民洶洶不平幾成
激变之禍後幸議寢不行其禍獲免故前
申有庶免小民激变語夫豈無稽而卒有
是申哉然則激变之釁已非一朝一夕之
故蓋在隆慶四年之時已前論之矣帥加
誤必計取勝纏害不已竟坐派絹五邑人
心誰肯甘服其勢自成茲变正
明旨所謂激匪無因者也今乃橫坐任卿為首倡亂然則
各邑所申所告歷歷以激变召变逼变為

言者豈皆任卿一介草茅遍主之耶霹空
究織即此可指掌而見之矣

一帥加議具呈本府詞

呈爲懇天作主乞怜一府人丁絲絹独累一縣請賜
決議改正以甦困苦事竊惟本府原派絲絹自宋至
元六邑照依田土均輸我
朝以来製有成法伏覩　大明會典開載徽州府人
丁絲絹八千七百七十九疋零昭如日星人莫能掩
迺年　户部勘合遵照　會典劄付徽州府坐取人
丁絲絹数目典劄相同並無歙縣明文本府合當遵
照　部劄通行六縣均派人丁則上下文移有據民
不偏虧先年不知弊由何作本府將人丁絲絹字樣

不遵　部劄文移改作夏稅絲一併于歙徵納先該
歙縣正官不知緣由莫察情弊但奉徵派依本盇蘆
隨徵隨納遂成不易之錮案至今不復改正先年民
人王相程鵬等具告　撫按二院蒙准批仰府議
奪桼緣理莫勝私一雞敵五鵬相以致喪身遞成中
止切思普天之下莫非王土率土之濱莫非王臣士
既有歸賦當均貢臣皆實服丁必具存其田土或有
瘠肥人丁不能泯滅況六縣子民總屬一府豈惟歙
縣徐有人丁而休婺等五縣皆無人丁之理且彼不
擬文移弊情顯著加謨目擊艱危心甚剜割是以不

避斧鉞呈鳴府縣再控　撫按二院俱蒙准批仰府
查議報至今未蒙决議茶遇　天臺仁臨本府懇乞
作主查照典劄文移撥度六縣有無人丁應否均平
俯賜决議申詳改正俾歙縣豁其所本無使休婺等
五縣復有所固有就六邑之均平救一縣之偏困草
木同春陽光普照蕩蕩巍巍恩垂萬世再治加謨僭
言之罪以謝五邑則當瞑目以待死矣爲此具呈須
至呈者
隆慶四年十一月二十五日呈

奉　崔太爺緝拿師加謨牌面

徽州府為懇恩遵

国典據府誌均賦救偏以蘇困苦事奉　撫按二院批據師加謨呈前事蒙批俱仰府查議報奪奉此已經行縣去後未报今照師加謨既能具詞呈告撫按必為有力之家有謀之輩何為捏作在逃屡提不到中間必有主使之者擬合行提為此仰縣官吏速究師加謨有無妻子兄弟是否在逃此輩奸惡漸不可長設法緝拿觧府從重問擬厥罪以警餘奸毋得遲違

萬曆三年三月初九日行

一　欽縣拿解師加謨家屬申文

爲懇恩遵

国典抝府誌芔事抄奉　本府票文已经缉拿師加謨未獲又经関行新安衛行提去後随准関開已经票差哨兵李必成前去着落百户師相拘提去後今抝家属師貴回称師加謨於隆慶五年帶妻挐家逃在原籍湖廣江夏縣無憑拘解今將家屬師貴関解到縣照奉前因擬合申解伏乞照驗施行

計關　申解犯人一名　師貴　係師加謨家屬

萬曆三年三月二十四日知縣姚學閔

一師貴保狀

更衣亭歇家何成今當

處实保到新安衛犯人一名師貴保外聽候

拿獲師加謨到日送理不致遠悞所保是实

萬曆三年三月二十六日委　保歇家何成

押　保皂隸程宣

一師加議復呈府詞

呈爲蹈須一府獨徵亞縣懇查改正以釐宿獘均賦

蘇困事奉

大明會典内開載徽州府人丁絲絹八千七百七十九

疋零遞年　户部勘合遵典劄府並無專派歙縣字

樣本府合當遵劄派徵六縣人丁則是上下相承文

移有據獘緣該房將扎内人丁絲折生絹字樣改作

户部額徵夏稅絲本數帖行歙縣獨派于民田地除

納夏稅正麥外每畝重復科絲四錢該銀一分四厘

每年計累賠銀六千一百四十六兩且歙原不産絲

本院典例無憑承訛踵謬困苦何堪嘉靖年間王相
程鵬等具告　撫院陳　按院宋　俱批仰府掌印官會同佐貳
官各從公議處報奪又蒙　撫院歐陽爺劄行仰府
掌印正官造册成書斟酌增損以不失本院致平之
意後因鵬相身故未議報奪隆慶四年加謨具呈
撫院海　按院劉　俱批仰府查議報奪本府遵依行催六縣
正官到府後蒙會議各縣以紛為詞荷蒙
陸太爺　晏推爺　會看得加謨具呈絲綃一項事
有成擬名正言順抑何泥久憚改民王民也事王事
也毋分彼此毋私爾我務要悉歸公正合遵典例均

勅行閣偶值房縣主丁憂各官期迫朝覲以致因循
停閣於隆慶五年六月初二日具
奏蒙准付科奉科參典有所遵賦當均派合從抄出酌
行案呈　戶部奉部批候本處　撫按衙門題
請行回途遇害羈縻遠避未申情欵今奉　爺臺仁恩
催議千里奔歸伏乞作主怜憫偏苦洞察奸弊以一
分五每丁派過二分以五歸一粮石該銀三錢軫念
一府統一体独徵則苦樂不平六縣猶六子均輸則
典劉不悖葢惟通變宜民抑且眾輕易舉又查文獻
通考饒州府樂平縣經五代鹽米一項當宋理宗時

有民人李瑞[illegible]十里[illegible]奉[illegible]免今蘇民[illegible]

而事須害同為此關陳懇遵典劄查對近年行縣府

帖是否文移相同比照順天等八府人丁絲折生絹

事例均派均輸庶使上遵典劄不失

朝廷之賦稅下蘇民困不致一縣之偏累豈惟勒碑肖

像銘德於當時將見家祝户頌報恩於永世為此具

呈須至呈者

萬曆五年四月初十日呈

一徽州府行縣催議帖文
為絹須一府獨徵一縣等事據歙縣帥加謨呈前事
據此卷查先奉
撫按二院批據帥加謨呈同前事俱奉批仰府查議
報奉此節經備行各縣議報去後催據績溪一縣回
申加謨冒呈更改絲絹變異
国制紊乱成規於律有碍合無姑容照舊定納庶免小
民激變之憂官民兩便等因到卷餘縣未見議報以
致批呈久閣不得詳奪今又據帥加謨具呈前因查
係事干錢糧務求停妥難以遽議合再行催為此帖

仰本縣官吏即查師加議呈內歙縣額徵絲絹應否
分派五縣是否先年成規并審該縣人民有無輸服
加納逐一查議申府必求的確經久可行毋滋紛擾
未便作速呈報以憑轉申詳奪施行
萬曆三年四月十二日行

一歙縣士民交呈本府批縣轉申　鮑院公文

歙縣爲箋

制悖典射害殃民懇恩遵照　會典均平絹賦以蘇偏困事抄奉　本府批據本縣不等都啚里老江子賢謝良器陳良知等連名呈稱徽州一府統率歙休婺祁黟績六縣宋元舊賦各々有絲

國朝熙治經理本府係無出產乃於人丁折取奉

大明會典内開徽州府人丁絲折生絹八千七百七十九疋零遞年　部劄行府徵取並無獨徵歙縣字樣理合派徵六縣本府該房當時弄弊改作額徵夏稅

絲盡數帖歙一縣加派於民田地每畝重復科絲四
錢該銀一分四厘每年計累銀六千一百四十六兩
遞徵絲絹必往浙江湖廣出產地方收買送驗解京
水脚交盤使用共計銀七千餘兩歙民痛遭流毒淪
骨浹髓先年王相程鵬等揭情鄲告　撫按衙門俱
批仰府從公酌議報奪始因鵬相身故未有人建言
以致累賍年深未經改正至隆慶四年帥加謨歷考
源流稽查典劄五縣並無獨免明文歙縣亦無独徵
明例具呈本府及　巡按老爺劉　巡撫老爺海
俱蒙准批本府查議報奪續蒙　發本府　晏推官

催行六縣正堂赴府會議遵依行派間蹇值房縣主
丁憂又遇各官應朝赴　京去急待回均派不期
府縣正官陞迁改任遂至躭延中止切思遵典均平
以一分五每丁不過二分輕而易辦以五歸一粮石
每銀三錢重而難輸挨去一官又成故紙歙民之屈
何日得伸歙民之賦何日得豁隆慶五年加謨具本
進京哀奏
闕廷蒙准行　部部批案候本處　撫按題
請行經今歲月愈深民情愈迫困苦流移目前種々本
縣額色錢粮尚難措辦豈能包賠五縣此誠焚溺倒

懸幸遇本府臨任仁政愛民廣四海維新之化澤及
群黎曠一視同仁之恩乞怜偏苦懇查典籍徽州府
下若有歙縣二字民甘輸納若無歙縣二字合派均
輸在歙縣浔解其倒懸于五縣不終于奸避輿論至
公民情允服等情奉批據呈該縣不無偏累之苦仰
縣查議徑申各 上司候批示繳
又奉批呈擬本縣鄉宦汪尚寧汪道昆江珍方弘靜
程大賓曹樓江東之等舉監生員殷守善程嗣動許
一綂等連名呈爲懇恩遵
国典赦偏獘以甦困苦事查浔本府節年奉 户部劄

以徽州府六縣夏麥五萬三千四百九十八石七斗
零十項人丁絲絹八千七百七十九疋零一項農桑
絲折絹十五疋二丈四尺廿寸其數目皆与會典相
同自唐至宋元百餘年六縣均輸絲絹郡誌可考及
查本府原派人丁絲絹數目該房書吏將人丁絲絹
字樣改作額徵夏稅絲偏派歙縣五縣俱無奈因本
府户房掌案書手的無歙縣民人如倉氏庫氏俱係
五縣世須名缺不敢明指恐招群噬擬　户部原派
夏稅絲未文明開人丁二字嚴行該府自無偏累歙
縣字樣而本府行歙改作額徵夏稅絲弊端彰然

縣偏納至今庶民凋殘極甚可憐先此師加議遵奉
明典建言具呈　兩院俱蒙准行本府奈議办徵一
時未伸大義生等忝居士夫合當連名公舉幸遇
府主明並日月公如天地念民間偏枉受害雖小必
察洞此未聞
国課下係民情關係非小懇乞吊查舊典部文改正均
派六縣本縣偏累歷數民稱更生之日而餘縣免詐
漏衆歛士民感恩等情奉批仰縣查議徑申各
上司候批示繳奉此查得百
大明會典開載嚴州府人丁絲絹遞年　戶部劄行本

府亦云徽州府人丁絲折生絹夫坐派一府既無歛
縣字樣人丁折絹亦非夏税額絲以部欽奉
祖宗之成法至公至正典劄可稽而歷年府帖行縣則不
然矣如夏税麥農桑絲絹苧俱照六縣田粮公平均
派無議外惟前項人丁絲絹則独派歙縣强名之曰
額徵夏税絲隱徽州府之通称变人丁絲之定則逓
年申解到部又云南京庫收絲折生絹文移矛盾偏
弊可知士民交受其累而鳴于府本府洞察其累而
行于縣誠有拠也本縣細究根因攝父老相傳皆謂
先年　部劄到府該房吏書皆属他縣人民各懷私

已借言部限[illegible]緊暫令歙縣充解待後仍行各縣派
補彼時歙縣又鈌正官倪首承認年復一年漸成額
例切思六邑皆屬本府皆有人丁六邑之人皆
國家赤子如以人丁折絹独累歙縣則六縣原非異郡
五縣非無人丁 會典部劄非可私自更改歙之積
苦愈懲愈明已往者姑置勿論將来輸納與胥壤相
為悠久及今不白累且無休伏乞垂怜偏累查照
戶部歲行徽州府札付与前院原准加謨呈詞再行
覆議庶典則昭著賦役公平歙民其得生矣見奉
本府批仰查議径申事理卑縣未敢擅便擬合具由

申稟爲此具申伏乞照詳明示本府遵奉施行

萬曆三年四月　日知縣姚學閔申

一兵道奉　按院鮑爺批府查議牌面

爲篋制悖與躬當[illegible][illegible]等[illegible][illegible]，[illegible][illegible][illegible]，[illegible][illegible][illegible]縣申奉本府批註子[illegible]等弊[illegible][illegible]注，尚寧等各具呈該府人丁絲折[illegible]絹扺派[illegible][illegible][illegible]查　會典均平五縣徵解緣由，蒙批兵備道查議，據奪蒙此，合行查議。爲此，仰府官吏即將該縣所申事情，吊取應查節年前項絲絹文卷到官，逐一從公參酌，覈派來由，是否原行偏累，檢閱　會典與誌籍、會稽賦役等書，互相參考，前絹應否改議分派，即今有無窒碍，仍行五縣通查，務要輿情允協，停妥速由呈道，以憑覆奪轉詳。

施行

一府行五縣查議牌面　萬曆三年五月初十日牌

爲蔑制悖[illegible]射害姦民等事蒙　兵道憑　憲牌前

事蒙此案照先據帥如謨具呈已經批行屬縣查議

去後未報今蒙前因擬合再行爲此仰縣官吏即將

欽縣所申事情果否應查嚴禁緝究并逐一從公

參酌額派緣由是否原行偏累檢閱會典與誌籍會

稽賦役等書互相參考前絹應否裁減分派向今有

無窒礙務要允協輿論查議停妥具報以憑轉詳施

行　萬曆三年五月十四日牌

一婺源縣查議申文

為絹須本府独徵一縣等事奉　本府帖文隨經給示續據城都里排黄棠程天祚朱鑑等連名呈為申明

祖制以杜扳擾事切惟

國家版籍綱紀嚴明使国有定賦民有常供永為成法

禁無变乱查得歙縣原因欺隱影射民田正耗脚麥九千七百餘石罪及官民該縣愿自認納南京承運庫丝絹八千七百七十九疋零抵斟麥数舊府誌賦役二冊詳載明白迄今二百餘年輸納無異嘉靖十

四年歙刁王相程鵲隐下欺隱脚麥情由執辯該縣
独徵丝绢捏詞聳告　撫按二院計扳五縣五縣亦
各激訴時蒙　馮太爺查得丝绢委係抵斛麥数與
五縣無干申呈　各院照舊徵輸不許变乱卷案昭
明豈今刁軍帥加謨假以社學乃敢出名皷惑歙民
騙銀肥已飾詞呈府假公濟私且前項係絹歲徵計
銀数千實歙甘認抵補斛麥永為定規難容洒派若
使歙民斛麥而倖免五縣麥外而加征民心何服且
歙昔已甘輸年遠何待加議今日復萌況錢粮定之
国制難容变乱成章而輸徵[illegible]馬肯額外代納

呈乞轉申懇查舊誌及先年卷案杜釁息端庶免激
擾生民等情又據鄉宦洪垣程文著李寅賓潘温余
世儒潘澄等舉監游有常江文明江朝陽潘士藻程
端容王廷舉孫圭江美中朱錦葉茂芝潘文淵等呈
為乞遵版籍正民賦以杜扳擾事
国家起賦版籍為定世世相承二百餘年民無乱紀課
有常輸盖緣任土作貢上中下錯普天則例不一徽
州一府所屬六縣自入
聖朝乙巳改科輕重各異版圖是正歙縣稍有絲絹補納
比附元額虧欠正耗脚麥迯該縣輕租民田地起科

舊誌載明歷造黃冊藏之天府原經
皇祖欽定舊誌不可易也今帥加謨等告　奏要行均派
六縣竊思、會典部劄必緣任土額徵徽州二字是
開坐本府文移何必以無歙縣字樣妄行生釁況歙
絲絹起科徵于夏稅非派人丁其為虧麥甚明焉可
妄摘人丁二字扳扯各縣變亂成法生事目擊義難
忍默呈乞轉申杜擾據此查得本縣歲徵錢粮遵奉
府帖原奉　部院勘劄額派夏麥秋米之外並無絲
絹人丁字樣今奉帖仰備查是否成規并審人民有
無輸服隨據歙縣里老耆民連名呈稱前因看得前

項絲絹若果係額派通屬則該縣不無偏累今擬士
民耆老抗稱該縣原係抵補虧麥之數有舊誌書及
我
朝黃冊可考誠恐當時之派徵不爲無自而二百年之
輸納非能強從且誌書爲一郡信史何敢至此謬妄
而黃冊係
國家版籍夫豈漫無明徵揆之民情俱不輸服擬合申
報爲此遵將前項緣由開具書冊申乞
照驗施行
萬曆三年五月十二日知縣吳琯

一續溪縣查議申文

為亂籍召变事據本縣坊都軍民匠籍姚文爵舒仲
生等連呈狀告前事詞称
国初以来查出歙縣欺隱夏麥九千七百餘石法當究
治姑将輕租田地三千六百餘頃每畝科丝四錢補
虧麥数定
制傳納二百餘年並無变乱賦役冊
府舊誌可查嘉靖十四年歙民王相等告　院行府
審與五縣無干詳允卷証今豈歙奸帥加謨不思以
丝補麥沽名惑衆希变成法欲将丝絹飛派五縣切
照江南各府属縣賦税異宜不獨一徽版籍既定毋

敢变更加誤雖好豈能違　制衆情懸急匍匐額
天伏乞轉達遵照舊與以安黎元庶免人心徬徨激
变萬代感恩據此又據縣縣鄉宦舉監生員汪鍊濤
蘭黄元敬程樞胡一鳳寺連名呈為遠
制缺民大变事伏蒙
太祖高皇帝勘定之初命中書省集天下官吏查勘賦稅
内有歙縣比附元額虧欠正耗脚麥九千七百餘石
合将本縣輕租民田地三千六百四十六頃每畝科
絲四錢補虧麥数具載府誌傳納二百餘年無敢变
亂嘉靖十四年王相程鵬具告扳扯五縣已蒙

府主馮　查得歙納絲絹原係麟麥且各鄉多有棄地仍遵舊

制申呈　各院詳允刊附賦冊日後不敢變更豈歙刁師加謨謀改府誌沽名惑衆希變成法欲將絲絹飛派五縣切照江南各府屬縣賦稅異宜不獨一徽如白粮独徵于蘇常牧馬則派于寧太皇木則採于本府以南直各府之不同如松江府蔴苣独徵于華亭而上海則無淮安府藥材止徵山陽而睢贛等縣則無金華府麻地租錢独徵武藝絲鈔二色独徵湯溪而餘縣俱無稅則輕重雖異科法彼此互均歙有棄

地產絲固非取有于無科絲補麥又非偏重于歙就
以歙縣言之一鄉之中有每畝科米七斗零者有每
畝科三升零者凡三十餘則一鄉尚各科則之不同
安可扭五縣通為一則乎歙民乃扯拾胡元異代之
陳迹欲壞
祖宗奕世之成規不思伊絲絹補麥之源流而橫生一例
均平之妄議則二百餘年之前豈無賢智先達之輩
乃一向安心輸納而待加謨更變耶況本縣獨當四
路衝疲丁粮最下每年應役不過七百餘石而歙縣
丁粮每年三萬餘石多寡懸殊輕重天淵今止均絲

絹之毫末而不均里以均差則績之苦終于不均者
矣懇乞查遵舊額轉達申寃庶免人心徬徨激變萬
代瞻仰等因據此案查先奉本府信牌為蔑
制悖典射害殃民等事備仰即將歙縣所申絲絹查審
等因奉此遵依細查得本府原派絲絹閒在歙縣項
下補虧麥數洪武以來定納至今誌籍可考今據通
縣士民呈告前因覆審相同為照辯方作貢王制定
賦以宜民按籍徵科人情相安而輸稅法豈更變事
貴因成績溪山多地瘠邑小路衢田禾希少財力匱
疲較之五縣多寡懸殊數年以來屢訴均恤已蒙議

行未果今欲推以定　制之賦復加以不支之縣亦
猶使尫羸之夫分之以烏獲之任鮮不僵且仆矣且
歙縣徵收絲絹額係補麥承納二百餘年向無異議
今一旦變更分派本縣致令衆口籍籍皆謂孽自今
日當縣者始非惟有違于舊
制抑且永啓乎爭端合無俯順下情軫恤疲邑議處免
派庶苦樂適均官民兩便緣蒙仰令議報事理擬合
就行為此將前項緣由一并具申伏乞照驗轉達施
行
萬曆三年五月二十五日知縣陳嘉策

一休寧縣查議申文

為絹須一府獨徵一縣等事奉　本府帖文事理備
經給示續據城鄉里老耆民張護朱文祿金宗稷朱
朝用等連名呈稱爲連

祖制發成憲以杜變亂事歙縣絲稅非由人丁起科緣
国初乙巳年中書省查本府錢糧爲見花戶增減不同
奏啟查筭本府六縣麥米原額惟歙比附元額虧欠正
耗腳麥九千七百餘石將該縣輕租民田地三千六
百四十六頃每畝科絲四錢補虧麥數又抄一等元
抄沒程輝祥葉忠善田及鄧瀛明德等鄉併有桑園

田地共計科絲一萬九百七十四斤三兩零每絲二
十兩折絹一疋共折絹八千七百七十九疋零規定
徽解南京承運庫交納自來　部府徽輸卷冊并府
歙舊誌所載歷歷可考豈今刀軍師加謨隱蔽根源
捏称徽州府人丁絲絹係累歙縣赴
上奏擾上案
国制下擾良民乘機歛財咨衆肥已不思歙賦絲絹出
自輕租民田補虧麥數五縣無平且如本府賦稅科
則或彼有而此無或此輕而彼重如各縣有山不起
稅塘不升科或五丁折粮一石與三四丁折粮一石

者賦有定制規則不等又休寧地處衝要賦役繁重
加以齊雲山往來供億不給來浮請乞均輸豈容推
洒正賦且開 國以來祖父相傳自來有此若果變
亂成法必致激变細民隆慶四年間蒙 府主段爺
帖行各縣已蒙本縣詳鞫明實確申拘謨詰証懼罪
逃避延捺府縣官遷今襲飾情聳害為此連名将查
實緣由具呈伏乞為民作主轉申嚴拘奸刁懲究除
根不致釀成大变萬代陰功據此又拠鄉官胡文孚
舉人程時言監生卲齡生員胡景星等連名呈為明
國典攷成賦以杜亂政事緣歙刁軍師加謨等不遵

與憲告推該縣歲徵絹疋生等慱集輿議具呈竊聞作
貢任土惟正是供乃百王中制為萬世常經徽郡多
山壤地瘠愜
國初比照舊則總管李賢翌等念徽絲綿實非土產申
奏每歲折納輕齎迨乙巳改科帖木兒不花以土田則
例不等請從新定科則內有歙縣元科絲綿則比各
縣一例其麥比附元額虧欠九千七百餘石將輕租
民田三千六百四十六頃每畝科絲四錢補虧麥數
餘重租田雖在歙者不科各縣原額無欠皆不外科
歙縣田是始有絲絹實為補麥非若他郡由人丁而

科者也又考昔歛諸鄉若明德登瀛仁礼永豐孝弟
滚繡與下鄉寺處率有桑林園地而五縣皆無沿是
惟歛稅絲任土貢也據洪武十年二十四年與永樂
十年暨成化十八年歷有更定歛絲科則至弘治十
四年以絲二十兩折生絹一疋歲輸八千七百七十
九疋零為歛絲絹定額實正供也外惟農桑絲絹為
勸課桑株每桑株科絲二分共折絹十五疋有奇歛
二疋休一疋祁八疋黟四疋婺績獨無則有無多寡
以邑繁簡為差實定制也迨嘉靖四十一年每絹一
疋始折銀七錢府縣積案與舊誌同前聞歷歷可考

未聞各縣有絲絹也近府修新誌總裁自歙遂附入
私議為加謨妄告抵本不知各縣原無桑地故無絲
賦歙絲出自輕租民田補虧麥數非彼一縣偏承而
哄五縣倖免也拠称　會典所載為徽州府人丁絲
絹令内直隸府与外布政司等埒稽諸典中紀載自
無在直隸而言縣在布政司而言府者況如農桑絹
賦独派四縣亦只言府而不言歙休黟祁而歙休祁
黟亦不淂以府字而洒派婺績也夫謂人丁絲絹乃
狀言他郡通例特未悉為本府土宜故耳試觀
會典内開諸司戰掌一欵凡民間桑株各照彼處元

定則例起科自来　戶部絲絹本府徵輸歷有元定
科則垂之令甲官民共守至今二百餘年豈區區吏
書二三輩所能為弊者加謨乃欺隱根源藉口府字
謂為偏累妄行　奏擾迭　臺集議某　竊惟徽介
萬山四無蚕織歙視五縣舊有棄區剏絲為補各出
自輕租民田又如婺祁二縣山未起科塘無租稅諸
凡經制等則不齊臣工罔敢違越者借謂絹非土產
歲雖办納只宜告乞蠲免或復輕齎詎可謬襲私說
奎二百年成法而一旦变乱之罔上行私禍衆私巳
誠不容于堯舜之世者也呈乞申明舊章以杜壞乱

紀法罔以辨言害政廡下有法守矣等因到縣照得
絲絹額派歙縣肇自
国初相沿二百餘年未之有改考諸徽誌具載詳明今
師加謨者輙自建言欲派五縣但
国家賦稅輕重異斉自古已然非今独尔畀縣遵奉
上議悖謬輿情萬口一詞翕然称辨在君子則討論
典籍而曰頗守舊章在小人則安習故常而曰毋為
激変參酌事体重而匪輕揆度人情久則難変均派
之議参致謂然合將縉紳士民所呈具由申報次乞
議奪以定人心為此今將備查前項緣由開具書冊

同原奉牌合行申繳伏乞照詳轉達遵奉施行

萬曆三年六月十三日知縣陳履

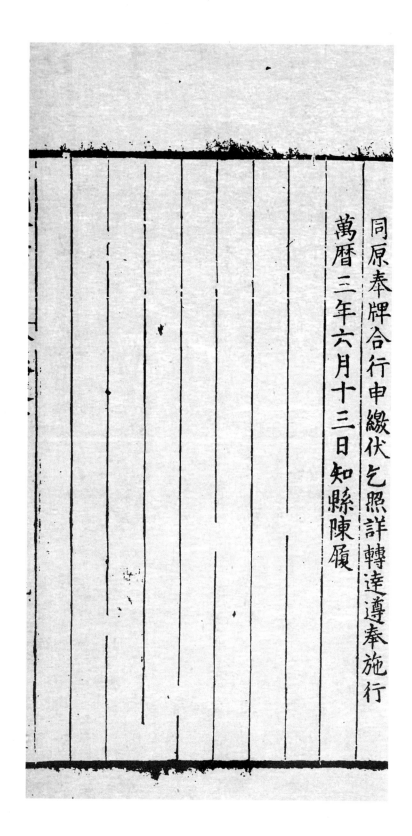

[illegible]年六月十一日[illegible]

[illegible]

一祁門縣查議申文

為絹額一府獨徵一縣等事奉　本府帖文事理隨經給示續據槩縣糧里耆民汪福高方世賢等各具呈為乞循

舊制杜扳安民事

國朝賦役原有定則民間輸納各照成規獘緣歙縣独倚富奸隱漏夏麥九千七百餘石罷及官民自愿認納南京承運庫絲絹八千七百七十九疋零就于歙輕租民田地起科抵斛麥數府誌載明黃冊編定二百餘年遵守無異嘉靖十四年歙刁程鵬等聳誑

撫按二院扳扯五縣蒙　府主馮爺查明誌籍申豁
卷案見存隆慶四年衛棍師加謨踵奸捏詞陛圖扳
派蒙　府主段爺查明卷冊批拿懲治立案可證豈
加謨科騙歛民銀兩無解今復百計皷惑鄉民妄行
告擾不思絲綃原抵虧麥何云徧累科則定自
國初豈容變更且祁地瘠民窮本寺稅粮供納尚艱若
復額外增稅小民難以安生呈乞轉申查照誌籍及
今卷案綃仍派不歇墜奸穽庶息訟擾據此又據槃谿
鄉官葉宗春李叔和方若坤許試陳天祥舉人王京
祥謝師訓黄日新生員方澍王大儒等呈爲乞查

舊制以杜扳擾事

国初因田起科分毫不容隱漏六邑照則供賦輕重原
至公平歙縣額納南京承運庫絲絹盖緣該縣欺隱
民田正耗脚麥九千七百餘石隨將輕租民田地起
科以補虧数本府舊誌及歲徵文冊編載詳明並無
異議今有帥加謨等生計造禍妄摘　會典部劄內
開徽州二字扳五縣不思派錢粮而稱總府原部司
文移槩行之詞因虧麥而坐絲絹乃一府裒益均平
之法歷考洪武永樂成化弘治及今誌冊絲絹俱註
歙縣項下稅額久定民心各安設有一毫偏累歙民

豈素懦愚何故二百餘年之前而不言直待二百餘
年之後而告擾且查乙巳改科之年祁邑巳加夏麥
二千三百餘石農桑絲絹又多八疋百姓忍苦供納
情比諸縣更殊呈乞轉申照舊徵納小民庶免重困
地方不激致變等情連名具呈到縣參看得前項絲
絹原派歙縣以抵漏稅之罪相沿二百餘年詎因一
人更變今據黟縣里老鄉官人等所呈及查新舊府
誌俱稱
国初歙縣斛額稅麥乃將輕租民田科絲拆絹補納以
所以歙縣独有而各縣獨無也再考人丁絲絹之說

節經部院
題請撫按總會豈不開載明白乃待今日方始告擾
況纂修新誌俱本邑縉紳名公其意亦不過欲將前
項絹疋比照成化黟民訴田則重奏
聞裁減初未有分派五縣之議其心至公其慮至遠況
本縣于乙巳改科之年巳加夏麥二千三百餘石農
桑絲絹又多八疋百姓供納情苦更異縱使歙絲可
減亦難派及祁民今加謨妄逞管蠡之見欲市桑梓
之恩不惟假公濟私或亦因事受賄一旦倖紊成規
百姓恐生駭变緣奉帖牌查議事理擬合具申為此

將查議過緣由申乞　照驗施行

萬曆三年六月十三　署縣事縣丞劉守德

一黟縣查議申文

爲絹領一府獨徵一縣等事奉 本府帖文隨經給

示查議行據槩縣里排李日華余時達等呈爲懇恩

查照

舊制杜亂版籍以安民生事切照

聖朝以來各縣賦稅悉有成規世傳至今輸納無異近歙

刁軍帥加謨稱歙絲絹偏累告擾分派不思彼縣原

獻夏稅敀將輕租田地每畝科絲折絹以抵麥數此

爲成法 部院可考舊令更變罪不容誅懇乞憐准

轉詳正罪照舊輸納庶免變亂擾此又拠鄉宦汪如

海汪向功等呈為乞遵
聖制守成法以安民心事竊照我
朝賦法肇自
国初監前代而裁其浮冗酌群議而採其中正區畫有
成筭科徵有定則權均衡不鑰籌忝度盖竭其心思
于一時而垂其規制于萬世是以
列聖守成恪遵不變免前代紛更之弊致
昭代累洽之休皆由民心安固是以
聖化悠長天下臣民所宜世世守之而一椽一尾不可輕
易者也彼歙刁跡加謨者乃欲逞其私智紊乱舊章

妄指絲絹之税欵作歙之偏累將爲大邑脱其額定之賦恐以瘠土加諸法外之征不知法制一定岆不可易之于彼事躰既安古不可更之于今所以狂夫横議徒倡誕于二紀而　鏡臺炳焰咸執法如一時今考之　會典並無徽郡人丁絲折生絹之文觀之府誌實有歙縣夏税絲折生絹之數彼　會典府誌同爲一書而夏税人丁不宜顛異議者以夏税決無更易之理而人丁可遂其動揺之私以故変易二字眩惑群聽夫府誌雖撰于後人而成法則稽之故典凡誌中所称絲絹俱載諸夏税之條尽屬于賦税之

欵加謨乃謂吏人為獘將人丁絲改作夏稅絲何吏乃敢為此大獘而府誌亦吏所能改耶豈當作府誌之時而歛之諸公獨不在局耶抑府誌為不足信者耶使其可信則真為夏稅絲而非人丁絲也明矣絲綃為歛之額稅而毫不可更易也亦明矣且考

國初定賦之時有郡縣以覈其實有中書省以摠其成按滕國之舊籍而為之補偏救獘裒多益寡與無厚歛而彼無獨逸此其法所以行之久而民安之也姑以我微一郡之賦言之歛有夏稅絲而五邑則但有夏稅麥者盖五邑之稅雖或有增減于元時然俱不

甚相遠歙之夏稅麥則視元之時蓋三分而損其一
矣使不稅絲則歙賦何獨輕耶又歙有輕租民田地
三千六百一十頃每畝稅絲四錢者所以補其輕也
或易之則絲可不稅絲不稅而輕者不益輕耶故加
譾所議一稽之府誌其妄可不辯而明矣況歙為諸
邑之最即減絲絹徒隻舟去大江之濱而不為稀也
救邑實凋瘵之壑或加毫賦徒久病服烏頭之毒而
实難堪也幸遇　仁臺濬知歙邑疲困視民誠若有
傷歙人所議心藏而隱之也久矣伏乞俯覽轉達俾
成法不以浮議而改民心不必易慮而安則黟人亦

永嘝恩濡泳無數矣等情據此參看得歙縣絲絹銀兩已经交納二百餘年並無異論今師加謨一旦建議欲均分派五縣以致百姓紛紛告擾在君子則參求典籍而謂加謨之說無所考在小人則懇遵舊規而謂

祖宗之法不可变據加謨引用會典之說固不暇究其是非但

国家法制一立定于此難移于彼而事體相沿已久冝乎古亦宜乎今今絲绢之税歙民既以輸納二百餘年必其法之一定而宜民也帥加謨乃謂五縣去

為奸以致歙縣獨受其累則吏書何人乃敢為此大
弊而當時之　府主又何獨私厚于五縣之先達
諸公亦豈無一人之通達國體者耶夫法之始行也
既無鄉官以言之于先而法之既行也又無鄉官以
議之于後是絲絹之不可均派也明矣今帥加謨敢
以鄙夫而妄議
國家之大事則非特為五縣百姓之罪人亦歙縣前輩
諸公之罪人也伏乞俯從民便轉達照舊遵行仍正
帥加謨妄議之罪庶五縣之人心已安而歙縣之民
志亦定矣緣奉查議事理擬合備由申報為此今具

緣由同信牌具申伏乞　照驗施行

萬曆三十年七月廿一日知縣陳正誤

一件歙民陳良知等赴　兵道告詞批府行縣帖文

徽州府爲攢違

制典獘改　部劄偏泒

国賦極苦民情事抄蒙　兵道馮　批據歙縣陳良知

等狀告前事詞称　會典開載徽州府人丁絲折生

絹八千七百七十九疋零每年　户部遵依劄府自

無專泒歙縣字樣合當遵扎均泒六縣始因　部扎

嚴緊歙無正官被五縣賺說附郭縣分暫借一年彼

時朦朧領受嗣後承誤踵獘盖因本府户房掌案書

後世皆婺源等縣人民流傳頂替轉生獘端将扎内

人丁絲絹改作須徵夏稅絲專行歙縣捏稱乙巳查
勘歙麥有虧將本縣田地科絲補數歲累銀六千一
百四十六兩負緣附收入府誌執以為拠先年王相
等近年帥如謨鄭告前院批行本府轉行五縣被五
縣因循沉捺竟成故紙查得 會典順天等八府皆
有人丁絲絹各府並是均派所屬州縣今本府人丁
絲絹既與順天等府相同則派亦當與各州縣無異
即如府誌之說絲係人丁稅徵地畝名實不相符麥
銀數少絲銀數多數目不相合且八府亦有丁絲豈
緣虧麥五縣亦有虧麥何不補絲且每年 部劄行

府則曰人丁絲絹府帖行縣則曰夏稅絲及至繳部則又曰人丁絲折絹展轉更易欺 上罔下弊端顯然近該本縣備申 天臺蒙批仰府公議詳奪八月間歙縣軍民帥加謨等入京具 奏下部轉行撫按老爺併行 天臺千載一日切思天下錢粮具載 會典戶部遵依通行各該省府遵依均派各該州縣人丁絲絹係是徽州府錢粮合當均派何得独累歙縣今歙民窮財尽本等額徵尚難措办分外竟貽疲困何堪伏望 天臺擴仁一視仰稽 會典備查 部劄及本府行縣繳部文移一洗積弊亟行改

正均派各縣庶巧避者不致倖免而偏累者可望更止剔弊百年留恩萬世等情蒙批仰府備查原派来歷酌議六邑丁畝輕重務處各服報奪蒙此已經通行去後今照 大明會典絲絹開載徽州府歙内何為獨派歙縣五縣當時何為不派耶抑或有别項錢粮派在五縣而歙縣独無者耶此事惟府縣虚心議之始得停妥仍禁諭士民不必紛紛告擾仰縣限三日登答詳欵并查該縣人丁田畝數目造冊一併申報毋得朦朧回覆致滋紛擾未便須至帖者

萬曆三四年十一月初十日行

一婺民具告　都院宋爺批府行縣帖文

徽州府為遵

制扳害事奉　都院宋　批據婺源縣黃掌等狀告前

事詞称

國家貢賦歷遵

聖祖定制載在黃册萬世莫更近被刁軍帥加謨冒将歙

縣田地起科補麥夏稅絲折絹額解南京承運庫交

納二百餘年錢糧妄行告扳休婺等縣代納遵

制变亂罔上欺下激害生靈乞天作主行府查豁感恩

萬世等情奉批仰府從公併查報奉此先蒙

兵備副使馮　批據歙縣陳良知等告為擅遣
制與等章已經備行各縣查議去後未報擬合併催為
此牌仰縣官吏限文到日即查絲絹何為獨派歙縣
五縣何為不派或有別項錢糧派五縣而歙縣獨無
者乎逐一從公查明登答詳款并將該縣人丁田地
數目造冊一併火速申報以憑酌議施行
萬曆三年十一月二十日行

一續溪縣士民具呈申文
為擅違
制典弊陂　部劉偏派
國賦極苦民情事抄奉　本府紙牌蒙　兵道馮　批
擄歛民陳良知等連名狀告前事備仰本府行縣查
議又奉本府票文奉　巡撫都御史宋　批據婺源
縣黄棠等告為違
制扳害事俱行本縣查議申報等因奉行據槩縣士夫
胡廷賛汪季成等連名呈為懇乞申停派絲以息変
亂事額徵本府絲綿槩派歙縣輕租民田地起科補

納虧欠正耗脚麥府誌可考洪武初年勘定承納二
百餘年並無弊政偏派若據　大明會典則徵松江
府菉荳何獨派華亭徵淮安府藥材何獨派山陽金
華府麻地租與夫絲鈔二色亦皆獨派武陽湯溪豈
容以有府字而洒派一府以無縣字而分派五縣耶
統祈申達又據該縣里排姚文壽等呈稱
國初府誌載歙虧欠正耗脚麥九千七百餘石將歙輕
租民田地三千六百四十六頃每畝科絲四錢補虧
麥數其所由來二百餘年版籍既定猝難更變伏乞
申詳以安黎庶等因據此案照先奉　按院鮑

批據歙縣申為箴

制悖典射害殃民等事到縣隨據該縣姚文爵等狀告

亂籍名變事已经細查備由具申去後今奉爾因為

照

國初定賦輕重異齊則壤徵輸典籍詳定覆查歙縣額

派絲絹係是抵補夏麥之稅定納经久無議今帥加

謨等告欲變更分派本縣在士夫則稽求典故競執

不已在百姓則遵照舊規循習難變紛紛訴辯未敢

定議但績溪邑小路衝山多地瘠田粮稀微較之五

縣多寡懸殊亦難與各縣一例科徵也俯卹瘦邑乞

加叅酌豁免派徵庶
舊制不紊人心獲安緣仰查報事理擬合回報爲此將
前項緣由具申伏乞照驗施行
萬曆三年十一月二十七日知縣陳

石集卷之二　　　　　　　　　　寃士程任卿校集

一帥加謨妄扳奏本帖文

徽州府爲懇乞

天恩查照

國典均豁偏累以蘇民困事蒙　兵道馮　案驗奉

都院宋　案驗准　户部咨前事歙縣帥加謨等

奏稱臣等竊見徽州一府統歙休婺祁黟績六縣夏稅

秋粮悉照各縣丁粮均派無容别議獨絲絹一項原

非本府出産乃於人丁折取爲人丁絲絹查浔

大明會典開載徽州府人丁絲折絹八千七百七十九

疋四尺三分三厘二毫遞年　戶部依典詔府即無
㝵派歙縣字樣故老相傳止因徵派之初　部限嚴
緊歙無正官被五縣贌說附郭首縣暫借一年隨即
均派彼時朦朧領㕛不料承誤踵弊遂為長徵每歲
計累銀六千一百四十六兩又本府該房掌案書役
世皆五縣人民流傳頂替將詔內人丁絲折絹五字
改作額徵夏稅絲㝵行歙縣捏称乙巳查勘歙縣夏
稅麥比附元額有虧將本縣輕租田地每畝科絲四
錢補納原虧麦數夤縁附會收入府誌執為的據先
年歙民王相程鵬寺節告　撫按衙門近該臣寺于

隆慶四年正月間具[illegible]　巡撫海都御史　巡按劉
御史先後告各批本府議報比府轉行各縣各縣因
循竟成故紙以此控訴無門只得籲鳴
天闕臣等備查　會典順天等八府皆有人丁絲絹訪之
各府並是均派所屬州縣又常州府宜興縣歲進茶
芽　會典明開宜興縣寧國府宣城縣歲進木瓜
會典明開宣城縣設使徽州府人丁絲折絹該坐歙
縣則　會典亦應明開今開載既與順天等府相同
則均派亦當與各府縣無異即如府誌之說絲係人
丁稅徵地畝名實不相符賦麥銀不滿三千補絲銀

乃過一倍數自不相合在他縣則正賦之外別無加額在歙縣則正麥之外重復起科愚民無知不敢深論独思八府亦有丁絲豈緣尉麥五縣亦有尉麥何不補絲且每年部劄行府既曰人丁絲折絹及府帖行縣則曰額徵夏稅絲已徵而繳部又曰人丁絲折絹展轉更易欺上罔下弊端顯然夫五縣徵之民也歙縣亦徵之民也以五分一則輕而易办以一包五則重而難輸即今歙民日削月浚財匱力微本等錢粮尚難措办分外充賦益復何堪若不

奏明則已往之受害既深將來之貽患無極臣等查得

成化年間縣民訴奏官田則重即蒙裁減乃今賦額
不改法　制不亂而民力可以坐輸伏望
皇上遠察不均之弊俯憐偏困之情
敕下戶部轉行應天　撫按衙門查勘徽州府人丁絲絹
在歙縣應否專派　會典部劄與府帖有無異同如
果臣言不謬亟行改正均派各縣庶巧避者不致倖
免而偏累者可望更生臣等不勝激切顒祈之至等
因奉
聖旨戶部知道　欽此欽遵抄出到部送司查得本部每
年題派徽州府歲办人丁絲折絹八千七百七十九

疋零農桒絲絹一十五疋零及查該府繳到派冊内
前項人丁絲絹全派歙縣不派五縣農桒絲絹分派
歙縣二疋休寧一疋二丈四尺祁門縣八疋黟縣四
疋不派婺源績溪二縣今該前因案呈到部看得歙
民帥加謨等　奏称本府額办人丁丝折絹八千七
百七十九疋独派本縣委爲不均乞要均派本府所
属六縣庶免偏累一節爲照本部每年題派税粮丝
絹等項俱照　會典原額行各該省府轉行各該州
縣徵办除税粮照依地畝無容别議如前丝絹出自
人丁似該照寸通辦今徽州府所属六縣而元額丝

絹全派歙縣未審何故相應查勘爲此合咨前去煩
照咨文為事理轉行該府從公查勘前項人丁絲絹
起自何年因何專派歙縣其各縣有無別項錢粮相
抵如無相抵今應作何設處希速備咨前來以憑施
行等因准此擬合就行爲此案仰本道官吏即行該
府從公查勘前項人丁絲絹起自何年因何專派歙
縣其各縣有無別項錢粮相抵如無相抵今應作何
設處務要確議停妥具由詳奪施行奉此案照先奉
撫按兩院批詞叚本道續擬告詞俱經批仰該府備
查原派案歷酌議六邑丁絲輕重務處各服詳報去

後參奉前因合行併查為此仰府官吏查照前後有
行并咨案内事理即便從公查勘前項人丁絲綿起
自何年因何專派歙縣其各縣有無别項錢糧相抵
如無相抵今應作何設處務使各縣均妥毋徒執詞
混擾此係定額派徵民瘼所關毋避權要致辜重委
蒙此擬合就行為此帖仰六縣掌印官照依案驗内
事理逐一躬親查勘的確秉擬議覆詳轉詳施行
毋得遲違未便須至帖者
萬曆三年十二月初幾日吏徐汝良

一五邑民人訴辯妄奏揭帖

休婺祁黟績五縣民人程文昌程萬春等揭帖為懇

遵

祖制懲悖亂以安地方事竊惟我

国家经畫區宇則壤成賦天下郡縣色色有無輕重裁

自

聖衷定于黄冊登之　天府　国有定賦民有常輸無敢

变乱者二百餘年今刁軍帥加謨陡以歙縣黄冊实

徵夏稅絲絹妄行

奏瀆扳扯五縣群黎聞報不勝驚愕謂悖逆乃敢篾棄

版籍造捏無稽欺罔
天聽如此也今奉　部劄前項人丁絲絹起自何年因何
專派歙縣其各縣有無別項錢糧相抵等因文昌等
謹按郡誌
聖祖龍飛丙申定鼎應天丁酉下徽州甲辰改六縣夏稅
絲綿折麥乙巳中書省官查勘本府田粮增減不同
行拘府屬官吏人等到省攢造歸一的實文冊省官
公議更定科則內有歙縣夏麥比附元額虧欠九千
七百餘石將該縣輕租田地三千六百四十六頃每
畝科絲四錢補虧麥數于當年四月初一日啟

準改科此歙之納絹其所從來年月至明悉也洪武乙
卯丈量由土辛酉大造黃冊永爲歙縣夏稅實徵額
從輕租田地起科納解經今二年輪冊送貯後湖此
專派歙縣之的據也嘉靖十四年歙民王相等奏告
蒙　巡撫歐陽都院會查載籍前項絲絹的係歙縣
額徵夏稅難以改移刊註本府賦役文冊永示遵守
此又本府文案之的據也近因府修新誌歙附私議
加　誤乘勢罔利復襲王相故智鼓惑眾心肆行
奏擾據其執稱　會典內開徽州府人丁絲絹八千七
百七十九疋零不明開歙縣字面因而扳扯各縣不

思　會典夲其大綱在直隸則言府而不言縣在各
布政司則言省而不言府如農桒絹紬八疋熟四疋
欽二疋休一疋一丈四尺七寸麥績俱無　會典止
載本府亦不明開四縣又如夏税絲綿絹浙江止徵
杭州等八府温台處三府俱無江西止徵廣信府他
府俱無　會典止統言布政司亦不明開廣信杭州
等府此為通例　部劄之体亦然又擬所引常州府
荼芽註宜興寧国府木瓜註宣城此貢也貢必註其
土之良不得引以為例矣又加謨妄言故老相傳
国初張縣丞署縣倪首被賍一年至今襲誤五縣吏書

輕陵　部劄切思
太祖神聖英繼憲典森嚴賦稅大詳豈容吏書作弊何丞
俛首何民甘心一年暫借而百年輸納萬無是理父
老相傳何忍瞞言何擬而敢為是以欺
天聽也備查賦掌　會典凡各省府丁絲俱載夏麥之下
科絲主于田土而加譏妄扯人丁沆予乱
制乙巳改科出自
聖衷應天各府遵行無異而加譏詆為弊譏殘于無法至
謂絹價倍于䌷麥不思正綫收蘭每疋折銀五錢總
而計之正与䌷麥之数相參至成化十年加至六錢

嘉靖十年加至七錢自係該縣本職所加与五縣無
干與查休寧等五縣自中書省陞科一定米麦有增
至数倍計銀至六七千兩者皆無敢異議歙之科絲
匯補觔麥不知彼獨何心而妄為扳扯也伏思
祖宗成憲天府圖籍二百餘年炳若日星豈容悖逆之民
倡秘変乱伏乞查明後湖洪武十四年初造黃册如
係六縣公賦未添無辭如係歙縣額科乞嚴將帥加
謨黃正法治罪庶奸思知警法度畫一版籍無変乱
之虞矣文昌等不勝激切申訴之至

一卷　都院宋爺牌行均平議

爲懇乞

天恩查照

国典等事卷查帥加謨等　奏称本府人丁絲絹遞年

户部依典劄府即無專派歙縣字樣故老相傳止因

徽派之初部限嚴緊歙無正官被五縣賺説附郭首

縣暫借一年不料承誤踵弊遂爲長徵每歲計累銀

六千一百四十六両實爲不均乞要均派等因

奏奉

聖旨户部知道欽此備咨前来已經案行徽寧兵備道轉

行該府從公查勘前項人丁絲絹起自何年因何專
派歙縣其各縣有無別項錢粮相抵今應作何議處
明白詳報去後未蒙申奪及查
到派冊內前項人丁絲絹全派歙縣不派五縣農桒
絲絹一十五疋零分派歙二疋休一疋一丈四尺祁
八疋黟四疋不派績二縣今前項人丁絲絹若休
等五縣皆有錢粮別項相抵使歙縣獨派無容他議
恐
部咨行派或無專責歙民且該縣亦有農桒絲
絹或當時失于查覈以致相沿至今設若五縣又無
可抵錢粮絲絹歸之歙縣委屬偏累則雖以數百年

之科皆可以指掌而定矣況歙民積憤已久五縣絲
絹亦力求以均平之情酌以通融之法雖有偏心無
可復置私喙矣合再催勘為此牌仰本府官吏作速
從公查勘前項絲絹作何議處務要通府士民稱便
此係地方重務該府宜即查行具由詳報以憑施行

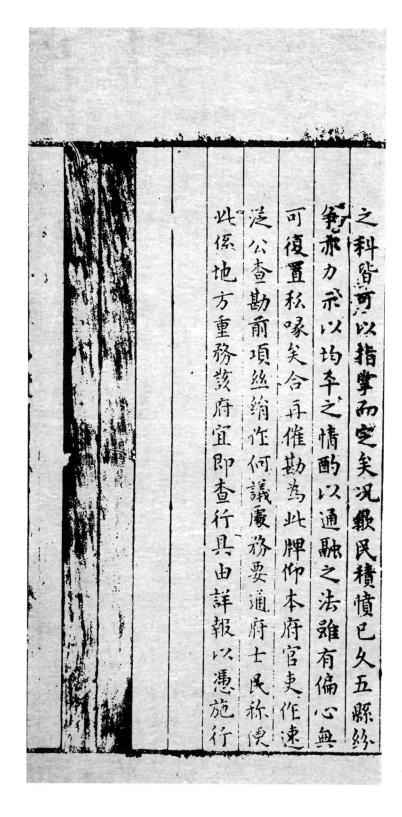

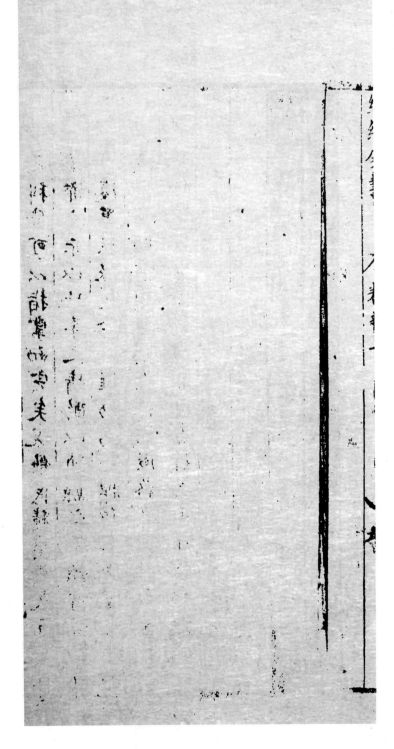

一歙民徐文浞等催告府詞

為懇乞均恩事遵奉

大明會典坐派一府人丁丝絹独徵歙縣受害年深節

行

奏告送　臺查議節蒙牌提各縣丁畆文冊併取有無

何項錢粮相抵回文豈各縣抗違不回延捱會計歙

苦無伸懇恩差人守提早賜均攤歸結不勝恩感

萬曆三年十二月十八日

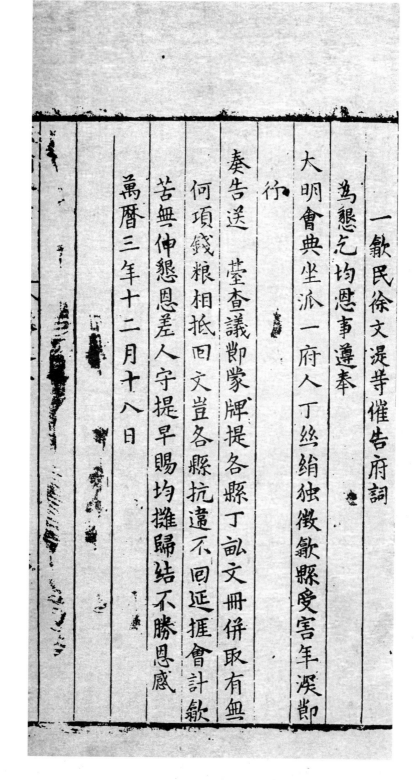

一本府差人催提牌面

徽州府爲擅遣

制典弊改　部劄等事照蒙　兵道馮　案驗奉

都院宋　按院鮑　批拠歙民徐文滉等連名狀告

前事蒙此先蒙　本道案驗爲懇乞

天恩查照

国典均豁偏累以蘇民困事已经通行各縣備查酌議去後續拠績溪縣具由文冊到卷餘縣未報有碍酌奪今又拠歙民徐文滉等連名催告懇乞差人守提早賜均攤歸結等因拠此擬合差人守提爲此牌仰

本役前去五縣着落當該官吏即將所告人丁絲絹
備查明白務要從公酌議均妥并將該縣人丁田畝
數目文冊一併星火申報毋徒執詞混擾致碍轉奪
此係至緊事理難容延緩如違提究該吏不貸
萬曆三年十二月十九日行

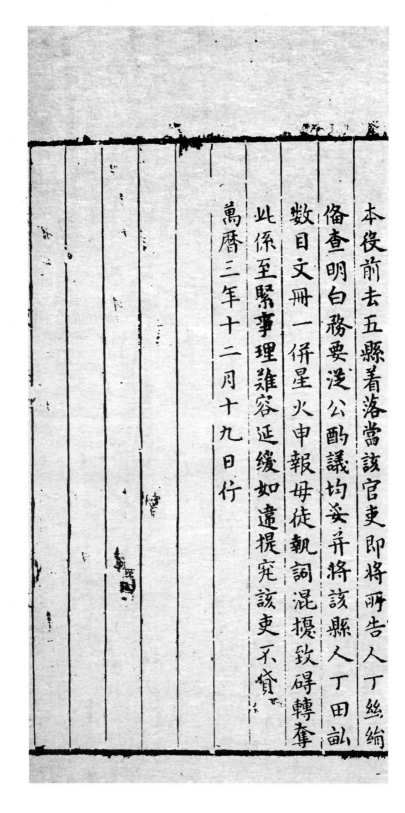

一發道奉催再議申文

為懇乞

天恩查照

國典均諸偏累以蘇民困事奉本府帖文遵依喚集槩縣里排耆民人等查審去後續據鄉官洪垣李寅賓程文著余世儒等舉監江朝陽游有常汪謨潘士藻葉茂芝韓継達潘文淵等里排程堯椎汪裕董應壆余祖賜頊天錫等連名呈為乞遵

祖制懲乱民以安地方事呈称

國家則壤成賦輕重有與皆

聖祖親裁　國有恒籍課有常輸我
太祖高皇帝丙申定鼎應天丁酉下徽州甲辰改歙等六
縣夏税絲折麥乙巳中書省官查勘本府錢粮爲見
癸卯甲辰兩年册內花户田粮增減不同行拘本府
所屬首領官吏賫書筭人等到省省官公議更定各
〻科則內有歙縣原科絲綿折麥則比各縣一例起
科夏麥比附元額虧欠九千七百餘石將本縣輕租
民田地三千六百四十六頃每畝科絲四錢補虧麥
數于當年四月初一日本省官啟准改科此郡誌所
載啟准文移至月[illegible][illegible]洪武乙卯丈量田土辛酉大

造黃冊一遵則例

列聖相傳二百餘年無敢變乱今歙刁師加謨倡為異議

謀変版籍妄行 奏扳上欺

天聽下惑衆心據其所執以 會典部劄為証不思

會典內開徽州府人丁絲絹八千七百七十九疋零

農桒絲絹一十五疋一丈四尺七寸被称人丁絲絹

丕明開歙縣為一府公賦即如農桒絹祁八疋黟四

疋歙二疋休一疋一丈四尺七寸婺績俱無亦不明

開四縣何也又如浙江夏稅絲綿絹止徵杭州等八

府溫台處三府俱無 會典只統言浙江布政司何

不明開杭州等八府也盖　會典舉其大綱在直隷則言府而不言縣在各布政司則言省而不言府此爲通例　部劄之体亦然至于所引常州府茶芽註宜興寧国府木瓜註宣城岕貢也貢必註其土之良原不与前賦並列不得引以爲例矣又考諸司職掌只有夏稅絹若干而無人丁字樣　會典雖系以人丁之名起科实以田畝查之順天應天河南諸郡皆然見有各府各省誌書可証不独一歙爲然也要之典劄之類本于黄冊之实徵黄冊之攢造本于乙巳改科之定則淵源有自詳畧不同安得執　典劄堤

綱之語而変黄册徵輸之實乎又加謨謂麪麥不當補絲不知甲辰年六縣絲可折麥則乙巳年歛麪麥補絲宜也又云絹價浮于麥價不知元額每絲一兩折麥七升歛麪麥九千七百六十六石九斗三升六勺補絲九千四十一斤約計以麥七升補絲一兩數亦相合至于徵銀多寡則後世因時估高下以漸加增非可以原麥價而論且稽甲辰以前歛麥一萬九千六百三十二石零米一萬七千六百八十八石零麰麥八千三百一十五石零米五千八百五十六石零乙巳改科麰麥雖欠三百餘石而秋米之增溢于

原数一萬四千七百五十三石零故不復補況洪武
辛酉復科山麥一千餘石矣歙米僅增八千八百一
十石零而麩麥九千七百六十六石零視婺績黟遠
矣安得不補也又如歙人訛言謂五縣吏書輕改
部劄張丞署縣聽認一年切思
國初法典嚴密洞察秋毫賦稅大計何至以草作弊若
是丞雖俛首民肯甘心一年聽借而百年認納萬萬
無是理也況今典籍可考上下有拗安得因其年久
委罪他人見今 戶部正堂殷 係歙縣人乞
奏請

勅下南京戶部會同科道官吊取後湖洪武十四年冊籍
一賜查對如係六縣公賦即行分紋如斂人原紋乞
下法司嚴將刀軍師加譟并正法治罪庶奸悪知警
法度畫一版藉無变乱之虞矣若欲遍查各項有无
錢粮槩行均定竊恐
聖祖定額酌貧富因肥瘠定有無分輕重断自
宸衷憲典具存
列聖遵守臣民畫一未易輕議况歛賦雖重以土沃民富
歷代相沿也較之蘇州松江則甚輕嫠賦稍輕以地
瘠民貧

本朝又加奚較之鄱陽樂平則為重羅鄂州誌書可考
也必欲均平則蘇松淂以引歙縣奚婺源淂以引饒
州奚普天之下爭扳平等紛紛
奏辯者將何已極呈乞查考新舊誌書歙縣賦役文冊
轉行
奏請比對後湖版籍以鎮六邑士民之紛亂地方幸甚
等情又拠本縣民人黄棠等連名告為遵
制扳害事詞称切緣貢賦歷遵
聖制載在黄冊万世莫更近被刁軍帥加謨冒將該縣田
地起科補麥夏稅絲折絹額解南京承運庫二百餘

年錢粮妄行告扳休婺等五縣違
制变乱罔上激害乞　天作主垂恩查豁万世感恩等
情擬呈照得
国家賦税以黄冊為实徵　會典為考擬今擬歙縣軍
民　奏告要将該縣人丁絲絹扳扯五縣大要所執
者有二其一謂　會典原無開載歙縣自當均派一
府其二謂　會典原有人丁字樣何以独派該縣緣
呈起疑遂揣摩于麥價之不符吏書之改劉郡誌之
偏護一時驟聞亦似可信今據本縣士民叅互典籍
具呈前因夫　會典所以不開歙縣者以通無詳開

府縣之例如本府農桑絹浙江絲絹皆其明驗也所
謂人丁絲絹者雖未審何所起義然查訪順天河南
等府俱以田土起科而　會典諸司職掌亦云夏稅
絹且至易曉者徽不當以人丁獨派之歙應天亦不
當以人丁而独派之徽也是　會典本自明白初無
足疑矣又撫士民呈称黄冊自洪武辛酉年大造以
来五縣惟夏麥一色歙獨有麥絲二色夫使該縣原
無哄項起科則謂賺借之誤可也若黄冊既自起科
輕々重々各有定則即使五縣俸朧何至令履訟而
稅彼時人民不行争辯　部司不行查駁萬無是理

也　部劄之体与　會典相同又何疑于吏書之點
改補絲之数既与折麥相當又何怪于價目之漸盈
誌書所載詳其月日姓名乃係文移初非修誌者創
為之説安得謂其有所偏護而五縣黨緣附會執以
為拠耶要之避重趋輕者恒人之情探本窮源者折
亂之道今查本縣歷年黄冊並無科絲名色可見該
縣歷年科絲実由乙巳額定合無將本府庫貯洪武
以来黄冊再行查考若
國初原自起科雖謂襲誤若獘端起于何年必有的據
如此則群疑可釋衆心可服而

国家賦稅永遵無議矣再照婺邑土瘠民貧耕讀為生

常賦之内犹然惧其不堪若欲再加分派誠恐民力

不支告免雖已本縣叨与民牧又不得不為之哀鳴

也縁奉查報事理擬合申報為此具由申乞

照驗施行

萬曆三年十二月二十五日知縣吴琯

一歙縣再議申文

爲懇乞
天恩查照
國典均徭偏累以蘇民困事奉　本府帖文查得
大明會典開載本府人丁絲絹八千七百七十九疋零
遞年　部劄行府與　會典相同及府帖行縣則云
額徵夏稅絲絹派歙縣与典劄迥異遡其源派盖因
徵派之初本縣缺正官值佐貳署理縣事被五縣朦
說　部限嚴緊歙縣附郭首縣暫借一年後當派補
比時誤信遂俛首承認該房書役俱係休婺等縣人

民各適己私乘机將劄內人丁絲絹暗改額徵夏稅
絲絹派歙縣埋奸籠絡年復一年貽害无窮尋至婺
源等縣士夫修府誌欲附會夏稅絲而斷麥補絲之
議出矣細查六縣奉 府轉奉 部劄坐派各項錢
粮如夏秋二稅農桑絲絹俱遵洪武拾年丈量額例
照依六縣田地畝步桑株數目科徵無容別議此外
府奉 部劄派又有數項如四司銀一萬六千二百
一十二兩七錢零歙縣派銀五千三百六十一兩三
錢零係婺等縣共派銀一萬八百五十一兩三錢零
[illegible]料銀七百八兩歙縣派銀二百三十四兩一錢令

休婺苻五縣共泒銀四百七十三兩八錢零軍需銀
一萬二千二百一十五兩零歙縣泒銀四千三十二
兩零休婺苻五縣共泒銀八千一百八十三兩零軍
餉本縣泒銀一千一百七十兩零又有茶株銀一百
一十五兩零遞年解府支解是以府摠泒徵錢粮之
数計之本縣已輸納三分之一休婺苻五縣僅輸納
三分之二較之各縣本縣悉巳過多附郭衝煩困疲
巳極矧又以一府人丁絲絹六千一百四十六兩零
独泒歙縣代五縣包賠又查各縣更無别頃錢粮科
泒可抵以致民人江子賢陳良知徐文淀師加謨苻

及士夫汪尚寧等鄖情
奏告不已吸髓含冤所幸天日鑒臨公道昭著近蒙本
府下車之初洞燭歙民偏累之苦合邑生灵罔不峯
首加額謂觧懸在邇扶老携幼思見德化乃休婺等
縣固称府誌開載本縣比附元額虧麥將輕租民田
科絲補之切思我
太祖高皇帝自戊申登極以後兩經丈量計畝定稅廢有
成規制度一新豈附元額之陋乾坤再造庸知歙
麥之虧會典明載坐派本府夏稅麥五萬一千四
百九十八石有奇歙縣逓年已供納一萬一千五百

十四石餘夫何虧欠之有設若虧麥則當科麥以補
絲非本地出産何至棄其有而取其無且倍數以補
之聊果係補麥　會典一書額定天下何不直言補
麥科以麥數而顧以人丁絲鈔謂使府縣非獘欺何
故变　會典之人丁而捏額徵之夏稅耶且如本縣
田地則有官民之異起科又有重租上中下等之殊
官産每畝科米有三五斗至一石者民産每畝有自
五升三合五勺起科至二盈斗一二石者俱婺等五
縣田畝皆下等一則每畝盈升三合五勺起科較之
本縣輕重天淵反謂本縣輕租田地科絲補納焉何

耶即信如府誌之言休婺等五縣比附充額亦共虧
欠夏稅麥一萬二千一百九十餘石既無別項錢粮
抵補竟不補納絲絹而独補于歙縣何耶通查
會典如南北直隸應天順天河間等十二府俱有人
丁絲以當虧麥之故耶有　會典然後有　部劄有
部劄然後有府帖而繼之以府誌本末源流班班可
考府帖款陂以　會典之人丁絲嗣以夏稅為言府誌
欲實府帖之夏稅絲則以補麥為擬不信經而信傳
將不愈遠而愈失真耶虚心查覈其偏累之弊不言
可知而府誌之說不辯自白矣再照天下事非一家

私議六縣民皆
朝廷赤子創制立法務在均平即地方偏僻者不拘省
府每協濟衝要無非通天下為一身手足四肢血脉
通貫不暇遠論如本府協濟池州府大通遞運所水
夫工食銀一千四百四兩蕪湖廠巡兵銀一百六十
四兩三錢應天府江東驛鋪陳馬匹銀一百五十四
兩四錢應天府場屋銀二百四兩六錢當塗縣供應
銀一百一十兩歷歷可查其他難以悉數以本縣之
衝要百凡支費十倍于各縣尚當有協濟之例矧一
府丁絲顧令歙縣獨苦而五縣獨逸耶如歙該独納

而強推于五縣非直累五縣也是自甘于化外也如五縣該均認而独推于歙縣非直累歙縣也是亦相率而甘于化外也爲清時赤子而至于自甘化外夫誰敢耶緣歙民偏累日久含冤已深卑職謬司民牧目擊心酸敢冒昧披陳伏乞垂怜詳察俯將前項絲絹查照　會典部劄照依本府人丁通融攤派衆輕易牽厓

国典正而民賦均自茲以往歙之民皆更生之日矣緣奉帖文仰查事理并吊取人丁田畝数目擬合具申

稟伏乞　照驗施行

計開

歙縣　人丁七萬二千四百二十八丁

官民田地五千五百零八頃二十三畝

休寧縣　人丁七萬九百五十八丁

官民田地五千一百八十三頃一畝零

婺源縣　人丁三萬九百四十七丁

官民田地五千七百五十一頃一十六畝零

祁門縣　人丁二萬七千六百四十六丁
官民田土二千一百八十五頃二十
七畝零
黟縣　人丁一萬六百五十六丁
官民田土五千五百頃九十九畝零
績溪縣　人丁一萬九百九十九丁
官民田土三千四百五頃九分零
萬曆三年十二月二十七日知縣姚學閔申

一祁門縣里排黃鄒泰等呈府揭帖

為乞遵

皇制杜奸保民以固邦本事竊惟

國家賦稅因田地起科府縣徵輸依冊籍定額

太祖高皇帝初下徽州命中書省臣稽肥瘠而別輕重量

歷實而分有無斷自

宸衷載諸憲典大小不得凌奪彼此不相假借誠百王之

中制萬世之常經也甲辰歙額夏稅一萬九千六百

餘石乙巳改科歙比元額欠麥九千七百餘石故將

該縣輕租民田地三千六百四十六頃每畝科絲四

錢補虧麥數由是歙有絲稅洪武八年乙卯丈量田地洪武十四年辛酉大造黃冊歙縣田地起科夏稅麥絲二色秋粮米一色其五縣只有夏麥秋粮米二色歷　朝承納至弘治十四年以絲二十兩折絹一疋歲輸八千七百七十九疋零徵解南京承運庫交納永為定規二百餘年無敢變乱令歙刀軍師加謨不遵黃冊倡為異議扳扯五縣妄行　奏瀆欺罔

天聽皷惑衆心以　會典部劄為証不思　會典內開徽州府人丁絲絹止開徽州府農桑絲絹彼稱人丁絲絹不明開歙縣即如農桑絲絹初八疋黟四疋歙、

二疋休一疋一丈零婺績俱無亦不明開祁黟休歙
四縣又如浙江夏稅絲止徵杭嚴八府溫台俱無
會典只統言布政司亦不明開其府蓋文移行于各
省以司統府自無布政司而言府者行于両畿以府
統縣自無直隷而言縣者且 会典修于弘治首録
諸司職掌只云夏稅絲綿並無人丁字樣 會典雖
有人丁字樣实以田畝起科甲辰以前祁之夏麦本
与秋粮相當乙巳改科祁麦巳加二千祁米增至七
倍不惟無虧原數巳溢視諸各縣其重莫比農桑絲
絹祁派八疋洪武誤申夏稅祁門間軍五十餘家恐

苦供承曷敢有詞况歙甲辰以前每畝共科絲綿一兩四錢零乙巳改科每畝徵絲四錢輕于元額二倍有餘今又均之則祁稅愈重歙稅愈輕假令絲可飛洒祁斷難加若復遍查各項錢粮槩行均定則必：相捽喙、爭鳴交拔丞寺何時可已大抵改科之則詳明实徵之冊沿舊 部院之勘劄本于黃冊之实徵黃冊之攢造本于改科之定則淵源有自傳流不差 会典府誌俱不必論若謂吏書更改張丞聽認則歙人不爭于乙巳之改科當爭于辛酉之初冊不爭于辛酉之初冊當爭于弘治之折絹認納既明徵

解既久詎可倚權勢之威而肆侵漁之術挾管窺之
見而市桑梓之恩執典劄提綱之語紊黃冊徵收之
實非忠也食土之毛而滲人之膏代供其稅非仁也
誣上罔下害衆利己非義也治平之世豈宜有此[illegible]
復聚訟催取丁畝文冊百姓驚狂若不欲生身[illegible]
容坐視冒死哀乞申
奏吊取後湖洪武十四年冊籍查對如係六縣公賦即
行分納果係歙縣額絲必須罪治庶杜告訐之門永
塞紛更之路以安民心免生激変為此連名具帖上
稟

萬曆四年二月　日里排黃邦泰　謝時鳴

倪時言　李旦等

一休邑民人告府准詞

為懇乞

勑法安民亟彌変乱事縁歙絲税始自

国初乙巳年科補伊欠麥數年首编造黄冊額定實徴

折絲折銀歷承定則加靖年間歙民王相告擾蒙

撫院歐爺　周爺両経叅定冊開歙縣夏麥絲絹額

係官民田地科納復蒙叅查府誌并遞年卷案俱歙

徴觧難以改移載籍刋布官民共守二百餘年豈刁

軍帥加謨附勢倡乱誑執不根游詞蔑棄版籍擅將

祖宗成法誣為吏弊隱伊歷世額徴糧僞暫借去年府勘

申　院已蒙烛奸復奠紛告簧皷官民騷動六縣古
今異变切思本縣下粮三千一石齊雲山供億繁苦
未滑均輸詎容妄肆蔓害懇乞賜查黄冊府縣誌書
卷案督正加譴並罪鋤奸頑变蹤鍛民生萬代瞻仰
激切連名上告
萬曆四年五月初五日許廷續
程文啓等

一績溪鄉宦呈詞

為遵

制鋤奸以靖变乱事伏惟

聖祖勘定之初則壤定賦輕重適均法度廣容不容毫釐

歙奸帥加謨倚宦乱藉欲以該縣額絲扳扯五縣代

納捏情妄

奏蒙查絲絹起自何年各縣系何錢粮可以相抵逓璫

芋查滠郡誌所載啟　准文移至為明悉内開

国初乙巳年改科六縣賦稅歙比元額虧欠夏麥九千

七百餘石將該縣輕租民田地三千六百四十六頃

每訟科丝四錢補虧麥数五縣攺科加米数多即績
比元額多六千九百餘石較之歙則倍抵有餘㕘皆
載籍詳備班、可考徵觧二百餘年经造一十九冊
加謨頋乃不查来歷倡為誑誕謂黃冊不足憑而揣
摩書役作獘之長議謂府誌不足信而駕揑故老相
傳之虛言信如其說則是
聖祖嚴明而不能燭其獘之大奸府誌覈實反不若相傳
之謬語欺罔
天聽罪不容誅且如農桑丝絹只言徽州乃派四縣而不
及婺源績溪亦為明証盖

國朝定制均賦源流﹝盖﹞一臣民遵守萬世不易况績土
瘠民穷四路衝要差烦役重民不聊生比之歙縣百
不及一懇乞俯念民瘼剪治妄扳庶免人心激变不
勝恩感

萬曆四年二月　　日

一

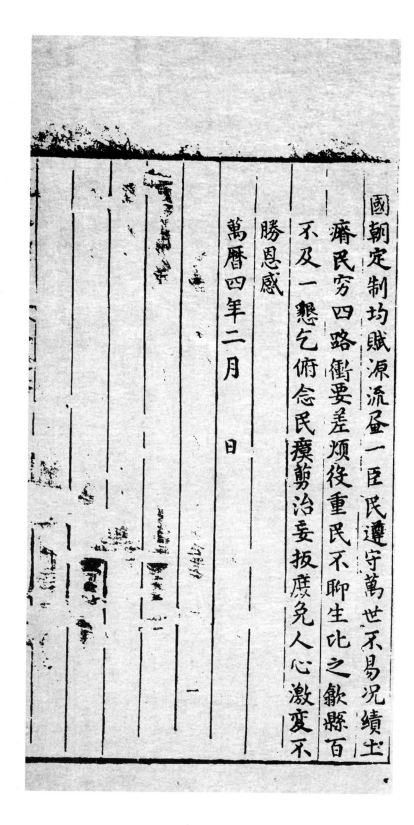

一歙民江伯弼等告詞

為懇恩斧豁民困以便輸納事一府人丁絲折絹
會典　部劉載明究由該房書手歷代婺休等縣人
民究當獘将　部劉內人丁絲折絹五字改作額徵
夏稅絲絹派歙縣田地科徵府帖可証奸書侮法一
縣受冤先年歙民王相等告蒙　撫院陳　按院宋
俱批仰府從公議處詳奪無奈世襲獘書當權沉案
帥加謨等負急具告　撫院海　按院宋　俱蒙准
批仰府查議報奪蒙　段太爺　晏四爺會叅政有
成拟名正言順務要悉歸公正該房吏書寅緣不申

不豁加謨等只得具奏
天庭蒙准行部咨送　都院行道送　臺續蒙憲牌催查
前項人丁丝绢若五縣皆有别項錢粮相抵無容别
議恐　部咨行派或無專責歙民且該縣亦有農桑
丝绢或當時失于查核以致相沿迄今設若五縣又
無可抵錢粮而独歸歙縣委屬偏累事貴公平法應
畫一刁奸游勝汪祥黃謨黃邦泰等不思四海之内
莫非王土率土之濱莫非王臣賦當均輸法當恪守
今但指以遵文擅造自下申上黃冊及外縣秉筆以
訛傳訛郡誌為言而自上頒下

聖祖會典部劄豈容泯滅況蒙備查各縣錢粮惟歙偏納
絲絹外每年正額仍多納銀一千五百三十餘兩婺
源正額錢粮更少納銀一千六百二十餘兩且五縣
又無别項錢粮相抵明〻偏累难逃洞察即今徽輸
萬緊乞　天早賜斧断申詳以便遵守流恩萬世連
名激告
萬曆四年二月初八日告

六五邑查豁絲絹緣由呈詞

休婺祁黟績等縣民金正、既黄棠、汪福、高吴敏、仕姚

文爵等連名呈為乞查黄冊遵

祖制懲乱民以安地方事據歙方酈加謨妄將該縣額徵

夏稅絲絹　奏扳五縣奉　㕔牌開称部劄行查前

項人丁絲絹起自何年因何專派歙縣其各縣有無

別項錢粮相抵如無相抵今應作何議處愚瞽小民

下情難達謹具前件逐款條荅乎將伏乞

鈞照施行須至呈者

計開

一查人丁丝绢起自何年

前件　查得我

太祖高皇帝丙申定鼎應天丁酉下徽州即定畿內諸郡田賦甲辰將六縣夏税絲綿改折夏麥乙巳中書省官查勘本府錢粮為見癸卯甲辰兩年冊內花戶田粮增減不同行拘府縣官吏書筭人等到省公議更定夏税麥丝秋粮科則于當年四月初一日發准改科至洪武乙卯丈量田土辛酉大造黃冊比時歙縣已從田土內科絲為補夏税定額今黃冊揔函開載明白此歙絲所由始也如執典劉人丁二字信並謂

由人丁何曾典欵附夏麥与黄冊同而黄冊實徵丝
目又与部劄同也亦自明矣帥加謨乃捏故老相傳
妄行
奏擾不知傳聞与冊籍孰爲徵信至謂張丞賺借襲弊
至今与吏書獘改部劄之説皆妄誕不经之甚也
一查因何專派歙縣
前件　查得乙巳中書省查勘之時歙縣原額夏税
丝絹折麥一萬九千六百三十二石二斗八升三合
二勺改科夏税麥九千八百六十五石三斗五升二
合六勺比照原額虧欠正耗脚麥九千七百六十六

石九斗三升六勺已將該縣輕租民田地三千六百
四十六頃每畝科絲四錢共絲九千四十三斤補尉
麥數即今六縣黃冊惟歙縣各事產下履畝有絲為
夏稅定則徵解至今原與五縣無干者也
一查各縣有無別項錢粮相抵
前件
國家賦稅各從田土起科具載黃冊　欽依定額輕重
有無各有等則非可今日論較越縣相抵者如必求
抵則
國初改科六縣夏稅秋粮亦自歷歷可考

歙縣

原額夏稅麥一萬九千六百三十二石二斗八升

三合二勺

秋粮米一萬七千六百八十八石六斗五合

改科麫麥九千七百六十六石九斗三升六勺每

石則銀三錢一分七厘該銀三千九十六

兩一錢一分七厘

補絲九千四十三斤每絲二十兩折生絹一

疋共絹七千二百三十四疋一丈二尺八

寸考　戶部誌正統七年每疋折銀五錢

成化十年加作六錢加靖十年加作七錢
以正统五錢則科該銀三千六百一十七
两二錢内除三千九十六两一錢一分七
厘補髭麥数外仍剩銀五百二十一两八
分三厘
見今歙縣輸絹加至八千七百七十九疋
零徵銀加至六千一百四十餘两者乃缘
逓輪黄冊田土陞科累增絹疋与正统以
後漸增絹價之所致也
加米八千八百一十石三斗一升九合七

每匹則銀四錢八分五厘該銀四千二百
七十三两五厘并前所剩丝銀五百二十
一两零共銀四千七百九十八两八分八
厘乃改科溢数各縣亦有溢数開抵于後

休寧縣

原額夏稅麥八千九百九十九石四斗五升二合
二勺
秋粮米一萬八百四十九石八斗七升八合
六勺
改科多麥九百九十三石二斗二升一合八勺

該銀三百一十四兩八錢五分一厘三毫
加米一萬一千八百五十一石四斗八升八
合該銀五千七百四十七兩九錢七分一
厘七毫麥米共銀六千六十二兩八錢二
分三厘該縣
國初錢粮當歛三分之二今照数平抵外比歛
多銀一千二百六十八兩七錢三分五厘
歛將何者相抵

婺源縣

原額夏稅麦八千三百一十五石一斗九升八合

秋粮米五千八百五十六石九斗六升五合
改科虧麥五百二十八石五斗六升二合四勺
該銀一百四兩一錢五分四釐二毫
加米一萬四千七百五十三石三斗三升該銀
七千一百五十五兩三銭六分五釐內除
一百四兩一銭五分零補虧麥数仍銀七
千五十一兩二錢一分八毫該縣
國初銭粮當歛三分之一照数夲抵外比歛多銀二
千二百五十七兩一銭三分歛將何者相
抵

祁門縣

原額夏稅麥七百八石三斗八升六合七勺

秋粮米一千一十八石八斗七升九合三勺

改科多麥二千三百四十八石三斗六升九勺

該銀七百四十四兩四錢三分四毫

加米六千二百八十三石七斗六升八合九

勺該銀三千四十七兩六錢二分零

麦米共銀三千七百九十二两五分零

該縣

國初錢粮當歛十分之一照數平抵溢有十分之八

此更加重者㪲將何者相抵

盩縣

原額夏稅麥六千一百一十三石六斗七升五合

秋粮米一千一百四十三石二斗九升四合

改科額麥六百四十四石四斗五升七合

該銀二百四兩二錢九分二厘八毫

加米八千六百九十二石八斗九升四合

該銀四千二百一十六兩五分零內除二

百四兩二錢九分零補虧麦數仍銀四千

一十一兩七錢六分九毫該縣

國初錢粮當歛十分之一照数爭抵溢十分之八今
更加重者歛将何者相抵

绩溪縣

原額夏税麥七千九百五十七石九斗六升二合
秋粮米五千三百八十二石四斗四升四合
改科麫麥二千三百九十二石六斗四升零
該銀七百五十八两四錢六分零
加米六千九百六十石四斗八升八合
該銀三千三百七十五两八錢零内除七
百五十八两四錢六分零補麫麥数仍銀

二千二百九十九兩九錢九分該縣
國初錢粮當歛三分之一照数平抵盖有十分之五
此更加重者歛將何者相抵
竊惟乙巳改科省官公議各縣原係改麦歛縣虧麥
復絲編載黄冊歷世實徵官有成規民有定則至精
至傋無復有遺議也就今玆之休祁二邑多麦多米
祗過倍蓰矣乃若歛縣虧麦既多而加米独少即其
所加不盈于所虧之数發竪績虧麦既少而加米独
多即其所加溢出于所虧之外當事者責歛科[illegible][illegible]
麦使仍其舊亦以徵治独歛有棄園地会通筭筭柜

當至明悉也若歙必求別項相抵則是歙絲非泛田
土起科黃冊爲虛文矣且六邑如兄弟也兄弟析産
或薄于宅而厚之田或厚于金而嗇之帛爲父毋者
亦揔計其饒乏耳子孫世承宜安無事一旦有稱不
均者追怨先人搆誣同氣而聽者瑣瑣責其餘欠求
其相抵似亦難矣幸其有遺墨在也
一如無相抵今應作何議處
前件　查擬各縣所增之米既抵过歙縣之絹況
祖宗成法天府圖籍二百餘年似非臣子今日所容議者
先年歙人王相等告要分派五縣彼蒙　前院歐陽

都爺面議查淂府誌并逓年卷案俱係該縣徵觧雜
以敗移隨蒙將實徵數目刊示本府稅粮冊籍永為
遵守使讀可慮　前院當先為之矣惟版藉不可動
搖成法不可變乱此王相不能售其奸也而加誤乃
復蹈其故轍何為者哉伏乞查究源流恪遵
成憲以杜变乱民生獲安地方寧謐不勝幸甚

萬曆四年　月　日呈

一歙民徐文浞等告詞

為正典釐弊盈賜均賦蘓困事

祖宗法典絹須一府人丁府書弊改独徵歙縣田地受害

年深淪骨瘠髓民力莫支節徬告

奏部咨天臺蒙行道府查照各縣有無錢粮相抵蒙府

查筭各縣正派錢粮尚比歙縣短缺並無錢粮相抵

五縣無繹合謀抗違横飾執以黄册為經郡誌為傳

篾典悖割莫此為甚切思黄册遵文攢造郡誌以訛

傳訛無以奸筆肆灾盤根愈固所郡誌載乙巳年則

比應天一例起科及查实録洪武元年戊申正月為

始改建康爲應天則乙巳比例是先戊申二年一爲
虛謬又載中書省委自照磨鉄木兒不花監督攢造
歸一文冊仰惟
太祖高皇帝登極淨掃羶腥經国正務胡人鉄木兒不花
必不任用二爲虛謬且會典自上須下純乎天理豈
容眇篾部劄到院豈容違抗即令錢粮徵輸期迫難
以延捱貽害不絕懇　天作主亟賜原批本府剛斷
正典釐弊均平国賦庶痿困淂蘇萬感天恩激切控
告奉
都院宋　准批看淂歙縣絲絹歲久

奏辨委駁耳目且擬称部扎初派原無歙縣字様本院以為一府六縣誼同手足令弟兄鬩墻為祖父者不惟斷之以法喻之以情故有通融查行之文仰府作速查議停妥呈奪如延提吏

萬曆四年二月初十日

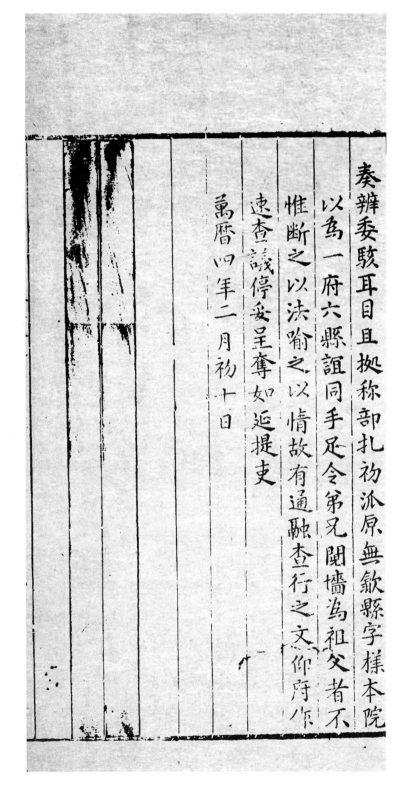

一黟縣里排告詞

爲懇遵

舊制剪奸弭乱事奉

太祖高皇聖帝 國初酌量版定進解毋項錢粮各省遵

守成法二百餘年永無更变詎奸帥加謨附阿權势

計將歙邑原額麦九千七百餘石折絲折銀歷年

徵解豈今弊隱捏情瞞

天妄奏設方飛派五縣变乱版籍故違

舊制欺

君殃民法所當誅徽郡六邑惟黟最小 国初乙巳年改

科比照原額加米一千六百九十二石零倍抵有餘

本縣咽路衝要使客往繁又無協濟難供重務今蒙

吊取丁乱文冊百姓驚惶伏乞

仁天作主揭查原額懇復定規弥变安民萬世感恩

激切連名上告

萬曆四年二月二十五日告人余枝富等

一都院牌拿歐辱江解元人犯
兵道馮、爲懇乞
大恩查照
國典等事四年二月二十五日奉　撫院宋　憲牌仰
道即將發去江解元揭帖該道看後轉發該府掌印
官作速嚴提群兇到官究問招報等因奉此案照先
蒙　撫按二院劄案及批擬歛民徐文湜等告詞俱同
前事蒙經歴次行府查議去後延今未報看得前項
絲绢不过千金該府擬法秉公一議可決胡令郭魯
之鄉若仇聚訟相應併催為此仰府官吏照依先今

事理作速從公查議停妥具由詳報仍拿揭内毆辱

江解元群兇到官究問招報俱毋再遲

萬曆四年二月二十六日